山口組ぶっちゃけ話

私が出会った侠客《オトコ》たち

はじめに

「三つの山口組」が直面する現実

かつて侠《オトコ》の生き方といえば、任侠道《にんきょうどう》に邁進《まいしん》するやくざが花形だった。

少年時代、東映《とうえい》映画を見るのが好きだった私は任侠の世界に憧れ、飛び込んだやくざの世界でひたすら侠を磨き続けてきた。

しかし、いつの間にか、やくざは「暴力団」という犯罪集団に変わり、侠が侠として生きられない世界になってしまった。

バブル期を境にカネに狂奔するあまり盃《さかずき》の重みは軽くなり、古来伝わる義理と人情は紙風船のように希薄になっている。

街の人たちからは蛇蝎《だかつ》のごとく嫌われ、暴対法や暴排条例が次々と施行されるなど、やくざは社会に不要なものとなってしまった。

いまではやくざというだけで銀行口座もつくれず、車も買えず、家を借りることすらできない。

人間としての「生存権」や「生活権」といったものまで脅かされる現状はさすがにやりすぎだと思うが、元はといえば、カタギに嫌われるようなことばかりしてきたやくざも悪いのである。

やくざは変わらなくてはならない。

では、やくざはどう変わるべきなのか。

その結論を急ぐ前に、いまのやくざ社会がどう変貌しているか、現状を照らし合わせておきたい。

山口組が割れてすでに五年になる。

井上邦雄組長率いる四代目山健組、入江禎組長率いる二代目宅見組ら山口組の主力十三団体（のちに古川組が加わり十四団体）が組を割って出て「神戸山口組」を旗揚げしたのは二〇一五年八月のことだった。

驚天動地の分裂劇はその後、「神戸山口組」から「任侠山口組」が再分裂するという意外な展開を見せ、一時は三団体が同時に「山口組」を名乗るという異常状態にもなった。

「任侠山口組」は「絆會」への改名を経て現在に至るが、山口組を割って出たことに変わりはない。

分裂状態はいまも続いており、これは「山一抗争」の四年八カ月を上回る。

山口組史上最長の分裂抗争となったわけだが、いつまでもこの状態が続くとは思えない。

とくに「六代目山口組」は組を割って出た「神戸山口組」の有力組長五名を絶縁処分にしており、やくざの筋からいって、このまま放置することはできないのである。

過去に山口組を絶縁され、その後も存続した菅谷組、中野会はそれぞれ四年後、八年後に解散させられている。

唯一、解散することなく一本独鈷《いっぽんどっこ》を貫いた竹中組も、消滅後は竹中組出身で柴田会会長の安東美樹を当代とする「二代目竹中組」として「六代目山口組」に名跡復活がなされたのだった。

また、割って出た「神戸山口組」にも意地があり、いずれ衝突は避けられないだろう。

膠着《こうちゃく》状態が続くなか、平成から令和に元号が改まると、二つの山口組にも新たな動きがあった。

二〇一九年十月十日、神戸山口組の中枢組織・山健組事務所前で山健組組員二名が射殺されるという事件が起きた。

ヒットマンとして逮捕されたのは六代目山口組内弘道会傘下で稲葉地一家幹部の丸山俊夫容疑者で、六十八歳という高齢だった。

駐車場のシルバーのセダンにいた丸山容疑者を警備にあたっていた山健組組員が不審に思って張り付け警戒の警察官に職質を要請したところ、近づいてきた組員二名に向かっていきなり発砲したのだった。

この日、山健組では全国の直参《じきさん》組長が集まって定例会が開催されており、丸山容疑者は雑誌の取材カメラマンに偽装して事件の数時間前から周辺をうろついていたという。

当日は、山健組の幹部も多数集まっていて、組長の中田浩司を狙った可能性も示唆されている。

その翌月には白昼の路上で神戸山口組の幹部が自動小銃により射殺されるという衝撃的な事件も起きている。

十一月二十七日の夕刻、尼崎《あまがさき》の繁華街近くの路上で神戸山口組幹部の古川恵一が自動小銃M16の掃射を浴び、蜂の巣銃殺に処されたのだった。

古川幹部は息子が経営する居酒屋にいたところを訪ねてきた男に「駐車したい」と呼び出され、駐車スペースに車を誘導した直後に撃たれている。

二人は顔見知りであり、周囲には二十発近い薬莢《やっきょう》が散乱していたという。事件の一時間後、警察は名神《めいしん》高速道路・京都南インター付近の路上で逃走車両を発見。運転席にいた朝比奈久徳容疑者を逮捕している。

朝比奈容疑者は六代目山口組内二代目竹中組の元組員で、事件の約一年前に破門された男であった。この事件については私も思うところがあり、あらためて序章で述べてみたい。

この二つの事件は恐喝容疑で逮捕されていた六代目山口組のナンバー2である髙山清司若《わか》頭《がしら》が府中《ふちゅう》刑務所を出所した十月十八日の前後に起きており、指揮官の復帰でなんらかの引き締めがあったと思われる。

実際、翌年には二つの事件の報復《カエシ》と思われる髙山若頭を狙った発砲事件が発生している。二〇二〇年二月二日、三重県桑名《くわな》市の髙山若頭の自宅の門に向けて拳銃数発が撃ち込まれたのだ。

同月二〇日に逮捕された谷口勇二容疑者は元中野会金山組相談役だった男である。中野会を率いた中野太郎会長は山健組の出身であり、つまり同容疑者は神戸山口組に近い人間だったといえる。

同容疑者は神戸山口組・井上邦雄組長の個人的な舎弟《しゃてい》という情報もあり、こちらも七十六歳という高齢であった。

これらの三つの事件には、ひとつ大きな特徴がある。それはヒットマンに高齢者が多いことだ。

山健組組員二名を射殺した丸山容疑者は古希も間近な六十八歳であり、高山若頭の自宅を銃撃した谷口容疑者は七十六歳と喜寿の一歩手前だ。報道によれば、丸山容疑者は重い腎臓病を患って人工透析を受けていたという。

ヒットマンに高齢者が起用されるのはめずらしいことではなく、最近ではトレンドにもなっているが、その理由は法改正により規制が強化されたからにほかならない。

二〇〇五年に刑法が改正され、有期刑が十五年から最長三十年に引き上げられて以降、やくざも容易に体がかけられなくなっているのだ。

「若いときに体をかけて懲役に行く」というやくざの出世モデルは崩壊し、いまや獄死覚悟の高齢者や治る見込みのない重い病気を患った者が家族への保障を見返りに体をかけるのが現実なのである。

やくざはますます厳しい立場に追い込まれている。

侠が侠として生きられなければ、それはもうやくざではない。

その昔、やくざは侠客《きょうかく》と呼ばれ、街の治安を守る人気者だった。困っている人を見れば黙っていられず、そのためには財を投げ出し、時には命までもなげうって庶民を守ったのである。

だから街の人から支持され、国定忠治《くにさだちゅうじ》や清水次郎長《しみずじろちょう》は言うにおよばず、幡随院長兵衛《ばんずいいんちょうべえ》や大前田栄五郎《おおまえだえいごろう》など多くの親分たちが映画の題材にもなったのだ。

やくざは侠客になるべきである。

私が現役時代には侠客と呼ばれるやくざがまだ多く存在していた。

本書では、私が渡世《とせい》で出会ったそんな侠たちの生きざま、死にざまについて綴《つづ》ってみたいと思う。

やくざの世界で侠として生き、時代や組織に翻弄されながらも侠を貫き通す。

その姿に、時に共感し、時に反面教師として、侠客とは何かを考える一助になれば幸いである。

侠としてどう生きるべきか——いま、それが強く問われている時代なのだと思う。

追記

本稿の執筆中、『指定暴力団「絆会」解散へ』(二〇二〇年七月十日付「沖縄タイムス」)、「神戸山口組から中核組織が脱退の動き」(同日付「共同通信」)という二つの大きなニュースが報道された。いずれも正式発表ではないが、後者は怪文書というかたちで、神戸山口組の主力勢力である山健組から多数の団体が離脱するという噂《うわさ》が流れている。いずれ再編に向けた大きな動きがあるものと思われる。

山口組ぶっちゃけ話

目次

CONTENTS

第2章

許永中からの九通の手紙

第3章

竹中組の五兄弟と私

第4章

山口組と竹中組三羽烏

第5章

山一抗争に命を張ったヒットマン

第6章

竹中正久四代目の死にざま

序章

古川恵一銃殺事件の真相

◉2019年11月27日、兵庫県尼崎市の路上で自動小銃で射殺された古川恵一（左）と私。古川組初代・古川雅章の舎弟である私を、カタギになったあとも「兄貴」と慕ってくれていた。

逢魔が時の惨劇

その日、いつもと変わらぬはずの街が一瞬にして恐怖に包まれた。

二〇一九年十一月二十七日午後五時ごろ、尼崎中央商店街近くの路上で神戸山口組幹部で三代目古川組元総裁の古川恵一が射殺された。至近距離から機関銃のようなもので撃たれており、十三発の銃弾が体を撃ち抜いていた。左腕を中心に腹、頭をひどく損傷し、ほぼ即死の状態だった。

逮捕された朝比奈久徳容疑者は山口組傘下の二代目竹中組の元組員で、事件の約一年前の二〇一八年十二月付で破門された男であった。また、所持していたことから、犯行に使われたのはアメリカ製自動小銃「M16」であることが判明したのだった。

街中で暴力団幹部が「蜂の巣銃殺」されるという、まるで映画のような惨劇は、やくざ界のみならず、社会に大きな衝撃を与えた。死亡した古川恵一は私が在籍した初代古川組・古川雅章組長の実子で、渡世での「甥《おい》」にあたる。それだけに、私もこの事件には思うところは大きい。

私が恵一の訃報を知ったのは新聞社からの問い合わせの電話だった。

「尼崎で古川恵一が射殺されました。警察情報で殺《や》ったのは竹中組の者だというのですが、確認できませんか？」

時刻にして事件発生から約一時間が過ぎたころ、現場から逃走した容疑者が京都南インターチ付近で発見され、警察相手に大立ち回りを演じた直後のことである。明日の朝刊に間に合わせるため、記者は確認作業に追われていた。

「容疑者は朝比奈という男なんですが……」

告げられた名前に心当たりはない。それより私の胸裏にはあきらめにも似たどんよりした空気が広がっていた。

「やっぱり殺られてしもうたか……」

これが正味、そのときの気持ちである。当時の恵一はそれほど苦しい立場に置かれていたのである。

この事件が山口組の分裂劇に端を発していることは論を俟《ま》たないだろう。

二〇一五年夏、井上邦雄率いる四代目山健組を中心とする主要十三団体が突如、山口組を離脱し、「神戸山口組」を旗揚げした。これに同年十二月、二代目古川組も追随したことで、古川恵一は狙われる存在になっていた。

とりわけ古川組の移籍は六代目山口組・竹内照明若頭補佐による直々の残留要請を受けた翌月にあっさり反故《ほご》にするなど義理を欠くかたちとなったため、標的としてのトリアージも順位の高いものになってしまった。

実際、恵一はこれまでも二度、襲撃に遭っている。

二〇一八年三月には六代目山口組傘下の平井一家組員三人が尼崎の居酒屋から出てきた恵一に鉄パイプやバットで殴る蹴るの暴行を加えており、二〇一九年七月には同じく尼崎の居酒屋の前で弘道会若中《わかなか》・三木一郎に傘で頭部を殴られるという事件が起きている。

今回の「蜂の巣銃殺」は、これら二つの事件の延長線上にあると考えるのが自然だろう。私はこの事件に強烈なメッセージを感じる。ただ恵一の命を殺《と》るだけなら道具《チャカ》一丁あればすむことである。それをあえて「自動小銃による射殺」に処したというのは一種の警告にほかならない。

犯行に「M16」が使われたというのも偶然ではないだろう。「M16」は米軍が採用する制式小銃であり、拳銃に比べ射程が長く、さいとうたかをの劇画『ゴルゴ13《サーティーン》』のデューク東《とう》郷《ごう》が愛用することでも知られる。

このような軍用銃がやくざの抗争に登場したのは一九八七年の「山一抗争」における「山広邸襲撃事件」以来である。当時、竹中組安東会会長だった安東美樹は一和会・山本広会長宅に向けて対戦車用ロケット弾を自動小銃に装着して発射しているが、そのときに使われたのが「M16」である。

その安東は現在、六代目山口組若頭補佐で二代目竹中組組長であり、今回の射殺事件の朝比奈容疑者の元親分でもあるのだ。

一方の恵一にしても、移籍後は苦境が続いていた。山口組分裂から一年半あまりが過ぎた二〇一七年四月、今度は「神戸山口組」が割れ、織田絆誠らが「任侠山口組」を結成（「絆會」への改名を経て現在に至る）。これに二代目古川組若頭の山崎博司が追随し、組員全員を引き連れて「任侠山口組」に移籍してしまったのである。

一時的に「一人親方」となってしまった古川恵一だったが、この移籍劇には誤解があったとして、琉真会など中核数団体がすぐに二代目古川組に復帰している。しかし、古川組が分裂したことには変わりなく、移籍した山崎が「古川組三代目」の襲名を宣言すると、「代を譲った覚えはない」と即座に二代目側が打ち消すなど、その後もドタバタが続いた。

それでも恵一はやくざとしての矜持《きょうじ》は失っていなかったようで、当時の心境を報道陣のインタビューに対して語った様子が『週刊実話』（二〇一七年六月八日号）などで報じられている。
「俺はひとりになっても古川組二代目としてやっていくよ」
私はそれを一読して恵一の心意気に感動し、すぐに激励のメールを送った。すると次のような返信が届いた。

ご無沙汰しております。
本当にこの度の事は
私の責任です。
死んだ先代にも申し訳なく何が何でも
今しばらくだけ男の意地を通して
行きます。

力強い言葉であった。「男の意地を通す」とは「やくざを続ける」という意味である。自分の代で古川組を終わらせてしまうことになっては父である先代にも顔向けができない。そんな思いを支えにしてみずからを鼓舞していたのだと思う。

だが、これが恵一と交わした最後の言葉になってしまった。

古川恵一と私

少し恵一の経歴について書いておこう。

恵一との縁は私が古川組に移籍した一九九七年からである。古川組初代・古川雅章の舎弟《しゃてい》である私を、本来なら「叔父貴《おじき》」と呼ぶところを、恵一は「兄貴」と呼んで慕ってくれた。人懐っこい、愛想《あいそ》のいい男であった。そのころすでに若頭補佐についていたが、私から見ればまだまだ若手のひとりにすぎなかった。

やくざの役職はその組によって重みが違う。山口組のような大きな組織では若頭補佐の力も大きくなるが、古川組のような中堅組織では経験と実績を積んでいる舎弟のほうが力が強いのだ。一般に「若頭」「舎弟頭《しゃていがしら》」「本部長」がやくざの三役、これに「副組長」「事務局長」を加えたのが五役といわれている。

少年時代は暴走族のリーダーとして鳴らし、当時の仲間たちが恵一とともに古川組に加入している。とはいえ、すぐには渡世に入らず、しばらくは家具販売業やアパレル関係の職を転々としていた。

というのも、父である古川初代は息子をやくざにはしたくなかったようである。古川初代は一九八四年に長期の懲役に行っているが、収監が決まると、当時、組の相談役をしていた許永中《きょえいちゅう》に手紙を送り、「専務の不動産会社で一から勉強させてほしい」と恵一を預けている。「専務」とは古川初代が許永中を呼ぶときの愛称である。

この関係は恵一がやくざになってからも続き、後年、古川初代と許永中が仲違《なかたが》いする一因にもなるのだが、それについてはあらためて後述する。

恵一が渡世入りしたのは二十五歳のときである。だが、やくざとしてはお世辞にも優秀とはいえなかったようだ。暴走族上がりで渡世入りも遅く、また何をしても父と比べられるという二世ならではの葛藤もあっただろう。学ばなければならないことが山のようにあった。

いま振り返ってみると、恵一は渡世でも父・古川初代の存在を強く意識していたように思う。「父ならどうするか」「どう判断するか」をつねに考えて行動していた。これが古川組の分裂という苦境に立たされても「男の意地」を通す道を選んだ理由なのだと思う。

恵一で思い出すのは二〇〇〇年二月に東京で起きた古川組元組員・山下功の射殺事件である。山下は古川組の一員として東京で活動していたが、非常に素行が悪く、地元の組織からも「放り出せ」と声が上がるほどで、古川組を絶縁されていた。

しかし、その後も態度は改まらず、古川初代と縁のある開業医を恐喝するなどカタギにも迷惑をかけ続けていたため、そのケジメをつけたかたちだった。

この件で古川組本部長・小山元啓と古川組若頭補佐・高橋剛が逮捕され、高橋は懲役十六年、小山は容疑否認のまま共謀共同正犯で無期懲役が確定している。

事件のあとに古川組本部で開かれた総会で、いつになく激昂《げっこう》した古川初代の姿を私はいまも覚えている。人目をはばからず、幹部たちの前で声を荒らげて恵一を怒鳴り散らした。

「コラ、おまえ、何しとんや！　小山がしっかりしてるからええようなものの、ヘタしたら、ウチの者みんな懲役行っとるんやぞ。ええ、このブタマン！」

これは私の推測だが、山下の射殺事件に恵一も一枚噛《か》んでいたのだと思う。逮捕された小山と高橋はいずれも暴走族時代の仲間であり、恵一が指示を出していたとしても不思議ではない。また、事件の前に私の兄弟分である古川組舎弟・田中茂がたまたま東京に行った折、「叔父貴、そこにいると危ないでっせ」と恵一に妙なことを注意されたというのだ。

いまとなっては知る由もないが、古川初代もそのことを知っており、恵一に喝を入れたのだと思う。

古川初代はひととおり怒りをぶつけると、そのあとすぐ恵一に入れ墨を入れることを命じた。おそらく懲役に行くことを見越してのことだろう。懲役に行っても立派な彫り物があれば同房の者にもナメられることはない。あるいは長い刑務所生活に耐える根性を身につけさせるためだったのかもしれない。

それからというもの、恵一は毎日八時間、一日の休みもなく彫師のもとに通った。恵一にとって親分の言葉は絶対である。これはたいした根性だった。普通、一日八時間も体を針で傷つければ、どんなに腹の据わった男でも一日、二日は休みたくなるものだ。それを毎日、「兄貴、今日はこれだけできました」と仕上がりを私に見せに来て、唇を紫色にしながら耐え続けたのだ。

彫り始めから数カ月で恵一の体には立派な甚平彫《じんべいぼ》りの虎が彫り上がった。そのころには事件の話も立ち消えになっていた。

無常の風は時を待たず

二〇一七年六月、恵一は「任侠山口組」（当時）から古川組に復帰した三代目琉真会会長の仲村石松を後継者に指名。古川組三代目を襲名させ、みずからは総裁となって、組織の立て直しを図った。

しかし、すでに求心力を失った状態で思うようにはいかず、二〇一八年七月には総裁をも退いている。

その後は息子が経営する居酒屋「信玄」を手伝うなど、どうやら気持ちは引退に傾いていたようである。

私の竹中組時代の同僚に小島大助という男がいる。小島は竹中組内杉本組の元若頭で、「姫路《ひめじ》事件」（後述）では、ともに二代目木下会と戦った戦友でもある。この件で小島は殺人の共同正犯の容疑で十七年を勤め上げ、収監先の徳島刑務所で古川初代と会い、出所後、古川組の舎弟になった。

それが縁で小島と恵一は仲がよく、小島が古川組を出たあとも何かと恵一の相談に乗っていた。

事件の一カ月前、恵一は小島がいる岡山県を訪れ、引退後の生活のこと、仕事のことなどを熱心に聞いていったそうだ。恵一は事件の前日にも小島に電話していたというから、真剣に引退を考えていたのだろう。

一部報道では、すでに神戸山口組の執行部に引退を直訴し、「いまは具合が悪いから、もう少し待ってくれ」と保留されたとも聞く。

これが事実であれば、なんとも切ない話である。カタギになっていたら、恵一は死ぬことはなかっただろう。だが、やくざである以上はそうはいかない。無常の風は時を待ってはくれなかったのである。

恵一について、「護衛もつけんと、ひとりでいるからや」「自業自得」「所詮は上に立つ器ではなかった」などと批判する者もいる。だが、私はそれも恵一なりのひとつの生き方だったと尊重している。

侠の世界というのは道なき道を行くようなものだと私は思っている。その道中では時に意地と意地がぶつかり合うこともある。そこで無理に一方を立てようとすればもう片方が立たず、その逆もしかり。二律背反の世界で、どちらに転んでも正解などないのだ。

大事なのは、どの道を選ぶかではなく、自分の決断に対する覚悟である。たとえどんな結果になろうとも、それが自分の生き方なのだ。

山口組を割って出た恵一は二度の襲撃に遭いながらも逃げ隠れせず、最後は銃殺という「死」をもってみずからをまっとうした。

これはなかなかできることではない。侍が畳の上で死ぬのを「恥」としたように、まぎれもなく侠として死す道を選んだのだ。見解の違いはあるだろうが、私はそう思っている。その点は強調しておきたい。

二〇二〇年一月七日、兵庫、大阪、京都、愛知、岐阜、三重の六府県の公安委員会は暴力団対策法にもとづき、「六代目山口組」と「神戸山口組」の両組織を「特定抗争指定暴力団」に指定した。これにより、おおむね五人以上が集まる事務所の使用禁止など複数の行為が禁止される。

この指定が古川恵一の射殺事件を受けてのものであることは間違いない。仮にこれが両者の抗争終結につながるのであれば、恵一の死も生きるというものだ。

事件の夜、私は何年かぶりに古川初代・古川雅章の夢を見た。あの世で再会した息子に父はどんな言葉をかけたのであろうか。いまごろは三途《さんず》の川《かわ》でも眺めながら、二人でうまい酒に酔い痴《し》れていることだろう。

第1章

古川雅章に殉じた侠《オトコ》たち

◉全盛期の古川組の面々。前列中央が古川雅章、前列左から2番目が私。戦闘力、資金力ともに兼ね備えた、山口組でも有数の組織であった。私は1997年から2005年まで所属した。

山口組の武田信玄

ここからは古川組初代・古川雅章とともに古川組の系譜を振り返ってみたい。

山口組の再分裂と相似するように神戸山口組内三代目古川組、絆會内古川組と二つに割れてしまった古川組であるが、もともとは戦闘力、資金力ともに兼ね備えた山口組でも有数の組織であった。傘下には「沖縄抗争」で名を馳《は》せた琉真会の仲本政弘・政英兄弟、大阪戦争で武勲を立てた入江秀雄、資金面で強力にバックアップした許永中らがおり、私も数々の侠たちとの出会いを経験した。

インターネット上には二〇〇四年に開かれた古川雅章誕生祝賀会の映像がいまもアップされており、多くの親分衆や財界の要人たちが出席するなか、内田裕也《うちだゆうや》、ジョー山中《やまなか》、桑名正博《くわなまさひろ》ら芸能人が顔をそろえるなど広い交友関係の一端をうかがうことができる。

古川組を一代で築き上げた古川初代は「山口組の武田信玄《たけだしんげん》」と称され、若頭補佐として五代目山口組を支えたひとりである。

とくに「宅見勝若頭射殺事件」後、弘道会・司忍会長、芳菱会・瀧澤孝会長、三代目山健

◉古川雅章（前）の傘下には、沖縄抗争で名を馳せた琉真会の仲本政弘（後左）・政英兄弟、大阪戦争で武勲を立てた入江秀雄（後右）、資金面で強力にバックアップした許永中らがいた。

組・桑田兼吉組長が銃刀法違反の容疑で次々と逮捕され、若頭補佐が英組・英五郎組長と古川初代の二人だけになってしまったときは六代目候補に名前が挙がるほどだった。私も体さえ悪くなければワンポイントでの起用は十分あったと思う。

それだけの力は持っていたし、当時、執行部をリードしていた岸本才三総本部長、野上哲男副本部長、大石誉夫舎弟頭補佐の三人が本部の隅で何やら話し込んでいるのを見て、「おまえら、何、密談さらしてんねん！」と一喝したエピソードは有名である。

ちなみに戦国時代最強の軍神と評された「武田信玄」にたとえられる理由は、その風貌からとも、文字どおり「軍神」として数々の抗争を指揮したことからともいわれている。古川恵一射殺の現場となった居酒屋「信玄」の名も、もちろんここからとったものだ。

一九九七年十二月に私が古川組への移籍を決めたのも、古川初代を「ケンカのできる親分」と見込んでのことだった。

中野会の絶縁後、私の移籍には紆余曲折《うよきょくせつ》があり、本部の振り分けにより最終的に古川組に決まったのだが、そのことについて兄弟分の大阪・十三《じゅうそう》の初代中島組若頭・瀬戸山欣秀に相談したことがある。

瀬戸山は器量のある男で、神戸山口組最高幹部で侠友会会長の寺岡修とも兄弟分だった。さらに古川組舎弟に田中茂という兄弟分がおり、古川組の内情をよく知っていた。

「古川やったら山健（組）とケンカできるで」

このひと言が後押しになり、私は古川組に行くことを決めたのだった。宅見事件の影響で五代目体制に陰りが見え始めたとはいえ、まだまだ山健組の力は絶大で、「山健とケンカできる組織でなければどうにもならへん」と私は考えていたのである。

古川初代がどんな親分だったか。ひと言で形容するならば、「力」こそがすべてのものに勝るという「力の信奉者」であった。それは渡世の始まりともなる昭和二十年代に籍を置いた丸三組で培った哲学なのだと思う。

丸三組を率いた陳三郎組長は台湾人で、戦後の混乱期を力でのし上がってきた人物である。かつて日本の統治下にあった朝鮮、台湾の出身者は日本が敗戦すると、戦勝国民でも敗戦国民でもない第三国人として、力を武器にブラックマーケットで暗躍するようになっていた。

当然、陳も力の信奉者であり、そこで経験を積んだ古川初代が力を信じるようになったとしても自然な成り行きだろう。

陳はもともと神戸《こうべ》・新開地《しんかいち》を地盤にパチンコの利権などで勢力を拡大していたが、三代目山口組・田岡一雄組長の舎弟になったのをきっかけに尼崎に進出。一九五〇年、繁華街にパチンコ店をオープンさせたことで地元組織と対立するようになる。そのころ尼崎には松本組、山本組などの勢力があったが、丸三組とのあいだで傷害事件が相次ぐなど、小競り合いが続いた。

一九五九年に陳が暴力行為で服役すると、田岡三代目は大平一雄組長率いる大平組を援軍に派遣する。その翌年、大平組・丸三組の連合軍は松本組・山本組とついに全面衝突し、尼崎の目抜き通りである神田中通《かんだなかどおり》南《みなみ》十字路付近で両軍合わせて百名近くが日本刀や匕首《あいくち》、棍棒《こんぼう》を持って殴り合う大乱闘事件に発展したのだった。負傷者は二十名以上におよび、松本組組員一名が警官に射殺されている。

この事件により松本組、山本組は壊滅。勝利した大平組は尼崎を制圧し、のちに丸三組を吸収して古川初代を舎弟頭に迎えている。

尼崎を震撼《しんかん》させたこの騒擾《そうじょう》事件は飯干晃一《いいぼしこういち》著『山口組三代目』(徳間《とくま》書店)の冒頭シーンとしても描かれている。

柳川組系組織を壊滅

古川初代は何度か長い懲役に行っているが、一九六九年の柳川組内木下組との抗争事件は生涯で最も長い勤めとなった。

きっかけは些細《ささい》なことだった。その日、尼崎のスナックに大平組の中根幸治、大平組内古川興業(古川組の初期の名称)の中村天地朗若頭、福吉康治、田村昌亮、三木某の五人が入店すると、女を二人連れて飲んでいた柳川組内木下組の若頭・劉史文と鉢合わせになった。

劉は五人をチンピラと思ったのだろう。「ここはおまえらが来るような安い店ちゃうぞ」と女の手前、ナメた口をきいた。

頭に来た田村が「表へ出ろ！」と劉を引きずり出すと、中村若頭と福吉がバシバシにしばいてぺちゃんこにしてしまった。

するとその一時間後、木下組の若衆三人がすぐに報復に飛んで大平組事務所を襲撃。なかにいた福吉が匕首で斬られるケガを負わされたのだった。

これに激怒したのが古川初代である。すぐに大平組幹部の松野順一若頭、嶋幸男、納庄虎雄、松本久男の四人を集め、木下組に対する報復を謀議。木下組組長を殺《と》ることを計画する。

ただならぬ気配に気づいた初代大平組・大平一雄組長は神戸のクラブ「青い城」に古川初代を呼び、遠回しになだめたそうだ。

「まーこ（大平組長が古川初代を呼ぶときの愛称）、ワシのことは気にせんでええ。柳川いうたら身内や。無理せんでもええんやぞ」

木下組の上部組織・柳川組は同じ田岡三代目の盃を受けた身内でもある。だから話を収めてもいいというのである。

だが、親父《おやじ》の事務所を土足で踏みにじられて辛抱できる古川初代ではない。それだけでなく配下の組員も傷を負っている。やくざの筋としてキッチリ報復をしなくてはならない。

数日後、報復に動いていた古川興業若衆の篠原忠一、大島健次が西宮《にしのみや》競輪場で木下組組長を発見する。二人は組長を拉致すると、篠原がドスで刺し、大島がこめかみに道具《チャカ》を当てて引き金を引いた。

パーン。

大島の放った銃弾に木下組組長は絶命した。

その数時間後のことだ。二人の若衆を引き連れた劉が白装束姿で大平組事務所に再び現れたのだ。

劉も見上げた男で、親の仇《かたき》を決死の覚悟でとりに来たのだった。

「コラ、親父を殺したのはおまえらやろ。見とれよ」

怒りに目を血走らせ、全身には殺意がみなぎっている。劉は手にした日本刀を抜き、これに中村若頭も日本刀を抜いて応戦した。

事務所の裏にあったタクシー会社の構内で二人の真剣勝負が始まった。劉の切っ先より早く、中村若頭の振り下ろした刃が劉の体を切り裂いた。連れの若衆も福吉が重傷を負わせる返り討ちにし、争いは終結したのだった。

事件はすぐに警察の知るところとなり、実行犯の中村若頭、福吉、さらに事務所にいた古川初代も逮捕されることとなった。この件で中村若頭は十二年、古川初代は殺人の共同正犯で十年の判決が確定している。

この一件は大平組内古川興業と柳川組内木下組という、いわば山口組同士の内輪揉《も》めである。普通なら上部で話し合いが持たれるはずだが、なぜかおとがめなしとなっている。この時期、柳川組は第一次頂上作戦で集中取り締まりの対象とされており、柳川次郎初代、谷川康太郎二代目がともに収監されるという苦しい立場に置かれていたのである。

それでも親分と若頭が殺されて黙っていられない木下組は、柳川組と同じ地道行雄の舎弟で三代目山口組補佐の清水光重に仲裁を依頼する。しかし、これが初代山健組・山本健一組長の耳に入ると「これは身内のケンカや。どっちの肩持つんや」と一蹴されている。

また、事件の捜査が大平組長までおよぶことを恐れた松野若頭は徳島の心腹会・尾崎彰春会長に相談し、「いっぺん徳島に遊びに来てくんなはれ」と誘ってもらうことで親分が尼崎を離れる口実をつくった。こうして大平組長の体《たい》をかわす算段をして、すべての事後処理を終えたのだった。

ちなみに古川初代は持病の糖尿病と肝臓病が悪化して刑の執行停止を受け、病院に入院している。懲役に行ったのはかなりあとの一九八四年になってからで、入院しているはずが大阪・北新地《きたしんち》のクラブが主催したゴルフコンペに参加したのがバレて収監されたのだった。

これも余談になるが、木下組組長の殺害で懲役九年の判決を受けた篠原は、入所した神戸刑務所で竹中正久親分と一緒になっている。同じ第十四工場で剣道の防具をつくっていたそうだ。

このとき、同刑務所には私の少年時代からの遊び仲間である大角実も入所していた。大角は姫路のテキヤである四代目木村組の若い衆だった。

のちに正久親分から聞いた話では、「大角いうのが、おまえの兄弟分や言うて風呂で『親分、背中流しまっさ』と担当（刑務官）がいるのに来よるんで、扱いに困ったわい」と苦笑いしていた。大角はトッパ（関西でムチャをする者、無謀者の意）な男で有名だったので、担当も見て見ぬふりをしたのだろう。

大平組と古川組

丸三組とともに尼崎を制圧した大平組は安原一門にあたる山口組でも古い名門組織である。

安原一門とは二代目山口組・山口登組長の若衆で三代目山口組・田岡組長の舎弟に直った安原政雄会長率いる安原会を祖とする一門のことで、山健組、益田組などが同門である。

古川組の上部組織にあたるが、古川組の中村若頭が大平組二代目を襲名するなど人的交流もさかんで、両者はとても近しい存在だったといえるだろう。

初代大平組の大平一雄組長は三代目山口組時代に新設された「本部長」の初代を務めた重鎮でもある。竹中武組長が本家から帰ると「本部でワシのことをタケシと呼び捨てにするのは、大平のオッサンだけや」とよくこぼしていたのを思い出す。

個人的な話を書くと、私は古川組に移籍する前から大平組とはいいつきあいをさせてもらっていた。とくに大平組若頭（のちに三代目山口組の直参になった）の松野順一組長には刑務所でずいぶんとお世話になった。

松野組長とは私が初犯で入所した神戸刑務所で交流があり、竹中正久親分とも月に一回、宗教教育のカトリック系ベンサム教会（後述）で顔を合わせていた。情に厚い、温厚篤実な性格で、「動の古川、静の松野」と大平組の二枚看板と評されるほど周囲の評判も高かった。

「竹垣《たけがき》君、出来合いのケンカは誰でもできる。そこは堪《こら》えてホンマに何かあったときにやるのが侠やで」

ケンカっ早い私をたしなめ、そう教えてくれたのも松野組長だ。刑務所のなかでは侠を磨くために必要なことをいろいろと学ばせてもらった。

神戸刑務所を出所後、松野組長は別件でしばらく姫路拘置所に収容されていたことがあるが、その節は週に一回、面会に行ったものだ。

その松野組長が危篤になり、地元の伊丹《いたみ》に見舞いに行くと、同じく病院を訪れていた長野の近松組・近松博好組長にばったり出くわした。近松組長は元大平組の舎弟で、正久親分が直参に引き上げたことから「親竹中派」の親分のひとりといわれていた。

私はすでに竹中組を離脱して中野会に所属していたが、「まーっさん（竹中正）のとこに顔出してやれよ」と情のある話をしてくれた。二人は仲がよく、私がまーっさんについていたときにもよく会っていたので、顔を覚えていてくれたのだ。

近松組長はつねづね「武と五代目が仲よくやってくれな困る」とも言っていた。竹中組のことを親身になって考えてくれた理解者のひとりであった。

松野組長が亡くなってからしばらくたったときのこと。松野組にちょっとした騒動が持ち上がった。松野組本部長の池内満の二代目襲名をめぐって松野組若頭補佐の上田公晴と若頭の井川哲夫が組を出ると言い出したのである。

池内本部長が空白になっている松野組二代目のポストに松野組長の遺言でつく予定であったが、二人は池内と前々から反りが合わず、以前から親交のあった義竜会副会長・米ヶ田忠司に「義竜会に行きたい」と言ってきたのだ。

「それやったら、親分に話を通さなアカン」

私は本人たちを古川初代の本宅前で待たせ、古川初代にこのことを話すと、「あれは拾《ひら》うな」と強く突っぱねられた。

取りつく島もなく断られたことに私も俄然《がぜん》ファイトを燃やし、「親分、そやけど『窮鳥懐に入れば猟師これを殺さず』と言いますやろ」と食い下がったが、「あれは松野組の者だから拾うな」と決して首を縦には振らなかった。

古川初代は松野組長の遺言もあり、松野組に不義理になるようなことは許さなかったのである。大平一門の深いつながりを実感するエピソードだ。

小噺にもなった「尼の親分」

古川初代は曲がったことが大嫌いで、「カニは横に歩くから食べない」「エビはバックするから嫌いや」とよく言っていた。口より先に手が出るという昔気質《むかしかたぎ》の親分だった。

若衆には入れ墨を彫らせないと気がすまず、妻である律子姐《ねえ》にも入れ墨を入れさせていた。虎が好きで、新しく入れ墨を彫る者にはよく虎の絵柄を入れるように強制していたようだ。そういえば恵一が彫ったのも虎だった。律子姐が何を入れていたかは、いまもって知らない。

また、サングラスとヒゲを好まず、そのような格好をしないよう若衆に徹底させていた。これは古川初代がシャブを嫌っていたためである。

シャブをやる者は強い光を嫌がってサングラスをかける者が多く、効き目が切れて首をかきむしった痕をカムフラージュするためにヒゲを生やしている者が少なくなかったのである。覚せい剤で逮捕される芸能人に黒く日焼けした者が多いのも、体をかきむしった痕を隠すためといわれている。

そうとは知らず、私は古川組に移籍してすぐのころ、サングラス姿で親分に帯同してしまったことがある。しかも間が悪いことに、私の連れていった若い者は口元に立派なヒゲを蓄えていた。

古川初代は何も言わなかったが、事情を知る周囲の者はいまにも怒り出すのではないかとヒヤヒヤしていたという。後にも先にもサングラス姿で親分と写真に写っているのは私くらいのものだろう。

大勢の若衆を引き連れて親分然としているのが好きで、出歩くときは必ず十〜十五人の若衆を連れて街を歩いた。ジョギングと銭湯に行くのを日課にしていて、そこにも若衆を帯同していた。大勢の入れ墨を入れた若衆が集団で走る姿は壮観だったが、街の人にはいい迷惑だったろう。

それでもジョギングならまだいいほうだったかもしれない。これが銭湯となると、店にとっては営業妨害このうえない。なにせ親分の入浴中はコワモテの男たちが風呂屋の内外にズラリと並んで待機しているのである。怖くて客は帰ってしまうし、変な噂が立って常連客も寄りつかなくなる。商売も上がったりだ。

おかげで古川初代はいくつもの銭湯から出入り禁止となり、尼崎で入浴できるのはスーパー銭湯ただ一軒だけであった。

こうした姿は知る人ぞ知る街の名物風景にもなっていて、驚くなかれ、なんと噺家《はなしか》のネタにもされていたそうだ。

刑務所では夜七時以降にラジオが流されるのだが、私の舎弟である坂本志信は収監中にABCラジオの人気番組だった『歌謡大全集』のなかでパーソナリティの落語家が次のような小噺《こばなし》をするのを聞いたという。

「このあいだ、銭湯に行きましたらな、やくざの親分が紋紋の入った若衆をぎょうさん連れて入ってきましてな」

「ふむふむ」

「親分が背中を流し始めると、みんな一列に並んでお湯を汲《く》むバケツリレーを始めましたんや」

「えらいことでんな」

「せやけど、運んでる途中でお湯がみんなこぼれてしもうて、親分にごっつうどつかれてましたわ」

「それ、どこの親分でんねん？」

「桶《おけ》に『古川』って書いてありましたわ」

聞いた本人もうろ覚えなので正確ではないが、そのような内容だったという。暴対法の施行でやくざとの接触が極端に制限されるいままでは考えられないことである。

良くも悪くも街の人々の噂になり、小噺のネタにまでなるような、やくざらしい親分はもう二度と出てはこないだろう。

第四次沖縄抗争

『海燕《うみつばめ》ジョーの奇跡』（一九八四年、松竹富士《しょうちくふじ》）という映画がある。

実際に沖縄で起きた「旭琉会理事長射殺事件」をモデルにはかないヒットマンの生きざまを綴った佐木隆三《さきりゅうぞう》の同名小説を時任三郎《ときとうさぶろう》主演で映画化した良作だが、この射殺事件が起きた一連の抗争である「第四次沖縄抗争」に古川組は参入している。

「沖縄抗争」はやくざの抗争史のなかでも最も凄惨なひとつとされ、第一次～第六次（一九六一～一九九二年）の長きにわたって続いた。

もともとは沖縄の暴力組織を二分していたコザ派（沖縄市を中心とした勢力）と那覇《なは》派（那覇市中心の勢力）の対立から始まったもので、一九六九年に佐藤栄作《さとうえいさく》総理とリチャード・ニクソン大統領による日米首脳会談で沖縄の返還が決まると、三代目山口組は利権を求めて小西一家舎弟の親琉会を送り込み、沖縄進出を画策する。

この試みは地元組織の激しい反発を買い、琉球警察の手によって親琉会の沖縄支部は解散させられたことで、山口組の沖縄進出はいったん頓挫する。

しかし、山口組が与えた脅威は地元組織の大同団結という結果をもたらし、「沖縄連合旭琉会」が結成されたのだった。

沖縄やくざは盃により厳しい上下関係が成り立っている本土やくざに比べ、多くは地縁、血縁で結びついており、上下の関係も緩やかである。

その分、侠道《きょうどう》精神が希薄になりがちで忍耐の導火線が短く、些細なことからケンカになりやすいという特徴があった。

大同団結したはずの沖縄連合旭琉会も沖縄が返還された一九七二年には早くも内紛が勃発し、大幹部の上原勇吉が脱退するという事態が起きる。

これは旭琉会の新城喜史理事長と反目した上原が謹慎処分になり、さらに上原組組員七人がリンチにかけられたことで決裂は決定的となった。

リンチは旭琉会の組員がバットや木刀で上原組組員を袋叩《ふくろだた》きにし、そのうちひとりは男性器をペンチでねじ切られるという残酷なものであった。

旭琉会約八百人に対し約五十人と戦力差は歴然としていたが、上原組は引かなかった。リンチの報復として一九七四年十月、上原組は宜野湾市《ぎのわん》のクラブ「ユートピア」にいた旭琉会トップの新城を射殺する。ここに血で血を洗う「第四次沖縄抗争」の火蓋が切って落とされたのだった。

両者の争いは双方でダイナマイトや手榴弾《しゅりゅうだん》が飛び交う激しいものになった。沖縄では米軍基地の横流し物資が手に入りやすく、過激さを増すのである。

この間に旭琉会の組員が上原組元組員三名を山中に連れ出し、四時間以上も穴を掘らせたうえ、なかにいるところを目がけて発砲。生死も確認せずにそのまま埋めてしまうという凄惨な事件も起きている。

旭琉会の激しい攻撃にさらされながら、上原組は執拗《しつよう》にトップを狙い続け、一九七五年十月、犬の散歩中だった新理事長の又吉世喜を射殺する。

これで上原組は旭琉会のトップ二人を仕留めたかたちになったが、数のうえでは依然、劣勢は免れない。

戦いで組も疲弊し、長期戦になれば不利と考えた上原は禁断の手に出る。伝手《つて》をたどって三代目山口組内大平組・大平一雄組長を頼り、一九七六年十月、舎弟の盃を交わしたのである。山口組の沖縄進出を阻止するための大同団結が逆に山口組を呼び込むかたちになってしまったのだった。

さらに大平組長は東亜友愛事業組合沖縄支部の仲本政弘・政英兄弟を脱会させ、大平組舎弟頭・古川雅章の舎弟として古川組内琉真会を設立。県内に上原組と琉真会という山口組系組織が同時に二つも誕生したのであった。

ここにきて「第四次沖縄抗争」は山口組 vs. 旭琉会の対決となったのである。

一九七七年一月、琉真会のアジトを偵察していた旭琉会組員が半殺しにされたのを皮切りに、じつに八カ月で二十三件の事件が頻発する壮絶な戦いが始まった。

同年五月、那覇の繁華街で琉真会組員一名が射殺されると、古川初代は葬儀に参列するため、総勢二十四人の組員とともに沖縄入りを敢行している。山口組が得意とする大量動員によるデモンストレーションである。

しかし、情報をいち早くキャッチした沖縄県警の水際作戦によって空港で機動隊に包囲され、上陸を阻止されている。

そして同年八月、両者の争いはついにクライマックスを迎える。旭琉会組員四人が十五連発のカービン銃を持って琉真会事務所を襲撃したのである。

事務所前には機動隊が警備にあたっていたが、制止に入った機動隊員に「まずはおまえから殺してやる」と叫びながら銃を乱射。左腕を撃ち抜き、その隙にひとりが手榴弾を投げ込んで事務所を爆破した。

その後も応援に駆けつけた警官隊に手榴弾を投げ込むなどの銃撃戦となり、もはややくざの抗争の域を超えた「戦争」であった。

事態を重く見た警察は「今後、暴力団が発砲したら射殺もやむなし」と異例の声明を出し、ついに暴力団の大量検挙に踏み切った。

翌一九七八年までに逮捕された暴力団員は五百人以上にのぼる。これは沖縄やくざの総数のじつに七割におよぶという。旭琉会の内紛から始まったおよそ六年におよぶ大抗争にいちおうの終止符が打たれたのであった。

事件のあと、琉真会は拠点を尼崎に移し、古川組の中核を担う存在になった。仲本兄弟の兄・政弘は若頭に就任し、弟・政英は行動隊長として古川組の戦闘部隊を率いた。

のちに琉真会二代目を襲名した政英は私の呑《の》み分けの兄弟分でもあり、酒の席で当時の話を興味深く聞かせてもらったものだ。

許永中と一極会

古川初代が「専務」と呼んで親しい間柄が知られていた許永中についても触れておきたい。「イトマン事件」「石橋《いしばし》産業事件」など数々の経済事件で世間を騒がせ、「戦後最大のフィクサー」と呼ばれた許永中は資金面で古川組をバックアップするなど古川初代と深く結びついていた。

二人の縁は古川初代がまだ大平組の舎弟頭だった時代、許永中がある右翼団体と揉め、古川初代が収めたことからと聞いている。それから「盃なしの相談役」として古川組と関係を持つようになったが、本人は暴力団の構成員と見なされることを、頑《かたく》なに嫌っていたようである。

私が古川組に移籍したころは「イトマン事件」ですでに逮捕されたあとだったので、直接顔を合わせることはなかった。

とはいえ組のなかには許永中の痕跡がまだ随所に残っていた。伊藤寿永光《いとうすえみつ》とともに仕手戦《してせん》をしかけた企業の系列だった雅叙園《がじょえん》観光ホテルには古川組の者は泊まり放題であったし、

「一極会」という許永中のための実働部隊が組織されていた。

一極会は表向きは中村政義率いる山口組の三次団体だが、実質は許永中が組織した許永中の組であるといっていい。

よく週刊誌に「許永中のボディガードを山口組組員がしていた」などと書かれていたが、あれは古川組一極会のことである。

会の若衆は許永中の運転手、ボディガードのほかシノギの手伝いをすることもあり、毎月の手当まで出ていた。やくざで給料が出る組など日本広しといえどもほかになかっただろう。

許永中は一九九七年、親族の法事を理由に保釈が認められて韓国を訪れているが、そこで行方をくらまし、本人が「大人のかくれんぼ」と呼ぶ二年間の逃亡生活を送っている。その間も日本を頻繁に訪れており、身の回りの世話を一極会の組員が務めている。変装もせずに東京・赤坂《あかさか》の焼き肉屋によく通っていたそうで、「ワシがこんな街中で焼き肉食うてるとは誰も思わんだろうな」と笑っていたという。豪胆な許永中らしいエピソードである。

この一極会は私の兄弟分で古川組舎弟の田中茂率いる田中総業が母体になっている。田中は甲斐性《かいしょう》もあり、それなりにいい若衆も持っていた。

それを「若い者は全員、一極会にやれ」という許永中の鶴のひと声で組を解散し、組員を一極会に移籍させてしまったのだ。

私は不思議に思い、田中に聞いたことがある。やくざにとって手塩にかけて育てた若い者をとられるということは自分の子を失うのも同じなのだ。

「兄弟、組にはしっかりした者が何人もいたのに、どうして中村にやってもうたんや?」

「そんなもん、藤田《ふじた》の会長が言うんやから、しゃーないがな」

藤田の会長とは当時、「藤田永中」と名乗っていた許永中のことである。

田中はそれほど許永中に心酔していたのである。許永中を親分のように慕い、大阪・中津《なかつ》の許永中の生家に住むことを許され、ずっと住み続けていた。

やくざ馬鹿を絵に描いたような純粋な男で、許永中が逮捕されたあとも、「裁判やったら近くで姿を見ることができる」と裁判の傍聴に欠かさず通って、最後まで裏切ることはなかった。

後年、私は田中の処遇をめぐり、許永中と九通にわたる書簡を交わしている。そこで許永中という男の生きざまに触れ、私の人生も大きく影響されることになるのだが、それについては次章で述べることにしたい。

中野太郎、宅見勝との本当の仲

古川組に移籍した当初、私は古川初代にひどく警戒されていた。

極道を専門に扱う雑誌『実話ドキュメント』が「宅見若頭射殺事件」で絶縁された中野会の組員移籍問題について「中野会は幹部のG会・T会長を古川組に送り込んだ」と報じたため、中野会のスパイではないかと疑われていたのである。Tとはもちろん私である。

のちに聞いた話では、古川初代は若衆たちに「竹垣に本宅の当番はさせるな」とまで言って本宅に泊めることとも禁じていたらしい。古川組は事務所と親分の住居が別々で、親分の就寝中に「何かあってはたまらない」ということだろう。

いまとなっては笑い話であるが、古川初代と中野太郎会長の仲はそれほどまでにこじれていた。

原因をひと言で説明するのはとても難しいのだが、やはり執行部での両者の対立が大きかったのだと思う。

当時の山口組執行部は宅見若頭派が多数派を占め、渡辺芳則五代目派は中野会長ただひとりであった。両者はことあるごとに衝突し、一九九六年七月に中野会長が会津小鉄傘下の小若会、七誠会に銃撃されるという「ニコニコ理髪店襲撃事件」が起きると亀裂は決定的となった。

この事件では激しい銃撃戦の末、二人が死亡するという重大事件であったにもかかわらず、当事者である中野会長不在のまま、執行部と会津小鉄のあいだで即日、手打ちが行われている。中野会長はそのことに執行部と会津小鉄のあいだで「何か密約があったのでは」とひどく不信感を募らせていた。

なかでも三代目山健組・桑田兼吉組長、古川初代の両若頭補佐と、宅見若頭の三人を目の敵にし、「三ちゃん」「尼さん」「女学生」と隠語を使ってこき下ろしていた。桑田組長は三代目だから「三ちゃん」、尼崎に本部を置く古川初代は「尼さん」という具合である。

宅見若頭を「女学生」と呼ぶ理由についてはよくわからなかったが、当時、肝臓を患っていた宅見若頭が入院していた病院が有名な女子大の近くにあるからとも、顔色の悪さを隠すためドーランを塗って化粧をしていたからともいわれている。

実際、古川初代はニコニコ理髪店襲撃事件のあと、中野会系鈴木組に命を狙われたこともあり、不仲になるのは当然だったのかもしれない。このとき古川初代をつけ狙っていた鈴木組組員二人は古川組琉真会によって拉致されたが、ヤキを入れられただけで帰されている。

ただし二人の不仲は何もいまに始まったものではなく、以前にも本家の幹部会でケンカになっている。私はこの話を双方の親分から聞かされていたのだが、二人の言い分がまったく逆で、正直、とても困惑してしまった。

ケンカの原因はニコニコ理髪店襲撃事件が起きる前年、九州大門会の二代目が病気で引退したことによる跡取りの件が話し合われていた席で「最近、ワシの悪口を言ってる者がいるらしいな」と放ったひと言が始まりだった。

問題の発言について、中野会長は「（古川初代がそう言ってカマシを入れてきたので）若い者にどつかせた」と言い、逆に古川初代は中野会長にそう言われたので「太郎さん、それ、ワシに言うとるんかい？」と聞き返すと、「いや、（隣の）大石（誉夫、舎弟頭補佐）に言うたんですわ」と慌てて言葉を引っ込めたという。

いったいどちらが正しいのか。当時、古川初代の付きで本家に行っていた組長秘書の木村博一によれば、「親分が血相変えて、えらい剣幕で二階から下りてきたのは事実ですわ」と言うので、一触即発の事態になったのは本当らしい。

とはいえ、幹部会の席に普通、若い者は入れないので、中野会長の「若い者にどつかせた」というのは少しばかり言いすぎのようにも思う。第一、古川初代は若い者に殴られて辛抱できるような男ではない。

いずれにせよ、ちょっとした言葉の行き違いが最終的に殺《と》るか殺られるかに発展したことは間違いなく、やくざのケンカはこうしたひと言が命取りにつながるのである。

お互いの命を殺り合うまでにとことんすれ違ってしまった二人であったが、過去をたどれば昔は友好的な関係にあったというから、世の中は不思議なものである。

古川初代が丸三組に籍を置いていたころの話になるが、古川初代の実母も丸三組のフロント企業でまかないなどの仕事を手伝っており、そこに若かりしころの山健組初代・山本健一がよく遊びに来ていたそうだ。古川初代の母は山健の親分を「健ちゃん」と呼んで家族同然のつきあいをしていた。また山健組と古川組は同じ安原一門ということもあり、昔のよしみで両組は非常に近しい関係だったのである。

とくに桑田組長とは親交が深く、お互い懲役に行くようなことがあれば、毎月百万円の見舞金をやりとりするような仲だったという。当然、山健出身の中野会長とのつきあいも友好的になる。

私は古川初代本人からも次のような話を聞いたことがある。二人が五代目山口組の若頭補佐に上がった一九九三年ごろのことだ。幹部会が終わると、古川初代のもとに中野、桑田の両若頭補佐が駆け寄ってきた。何事かと思うと、

「ワシのことを『兄《あん》ちゃんと呼んでもいいか』と聞くんで、『ワシはかまへんぞ』と言うたんや」

以後、中野会長は年齢がひとつ上の古川初代を「兄ちゃん」、古川初代は中野会長を「太郎さん」と呼び合うようになった。嫌いな相手を「兄ちゃん」とは呼ばないだろう。

さらに興味深いのは、逆に仲がいいと思われていた宅見若頭のことを、古川初代はむしろ毛嫌いしていたのだそうだ。風向きが変化したのは宅見若頭のある所作に触れてからだったという。

古川初代が大阪・ミナミの「クラブ西城《さいじょう》」で飲んでいると、店内で突然、中野会の若い者が暴れ出したことがあった。

「クラブ西城」のママは歌手の西城秀樹《ひでき》の姉で、宅見若頭の愛人である。すぐにママが連絡をとると、事情を聞いた宅見若頭は「何もしなくていいから、気のすむまで好きなようにさせておきなさい」とだけ指示して警察も呼ばず、また店からつまみ出すことすらしなかったという。

懐の深い対応を目の当たりにした古川初代は「女の前で、なかなかできることやない。宅見というのは腹の太い男や」と宅見若頭の所作にたいそう感心し、以来、距離をつめてつきあうようになったという。

時が変われば気持ちも移り変わり、風向き次第で一八〇度反対方向を向くこともある。人の心というのは複雑なものである。

古川組を変えた男・入江秀雄

強い組織には必ず指導力に優れた男がいるものである。六代目山口組・髙山清司若頭はその最たるものだろう。司忍六代目の指揮官として辣腕を振るい、半ば強権的ともいえる手法で現在の六代目体制をつくりあげた。

そういう意味では古川組若頭だった入江秀雄も髙山若頭と同じように強いリーダーシップを備えた男といえる。

私は竹中組、中野会で歴戦の若頭を見てきたが、入江ほどしっかりした男を見たことがない。やくざとしてのセンスは間違いなく一級品だった。

その力量ゆえ最後は悲劇的な結末を迎えることになるのだが、良くも悪くも入江は古川組を変えた男だった。

入江は佐々木組の出である。佐々木組を率いた佐々木道雄組長は地道組若頭から一九六九年、三代目山口組直参に昇格し、いち早く総会屋事業に進出するなど経済やくざとして知られる。佐々木組で入江が若頭補佐を務めていた一九七五年、三代目山口組と二代目松田組のあいだで大阪戦争が勃発する。ここで入江は大きな武勲を立てている。

大阪戦争の発端は賭場でのトラブルから大阪・豊中《とよなか》の喫茶「ジュテーム」で佐々木組組員三人が松田組系溝口組組員に射殺されたことだった。

この事件の報復で、入江は同じく佐々木組の若頭補佐で、のちに片岡組を率いて三代目山健組本部長を務める片岡昭生と共闘し、翌一九七六年、大阪・日本橋《にっぽんばし》の電気街、通称「でんでんタウン」において松田組系大日本正義団の吉田芳弘会長を射殺している。

この「日本橋事件」は一年九カ月後の一九七八年、京都・三条《さんじょう》駅前のクラブ「ベラミ」で大日本正義団幹部の鳴海清に三代目山口組・田岡一雄組長が狙撃されるという「ベラミ事件」の引き金にもなった。

吉田射殺の教唆で、入江は十年の懲役を勤め上げ、徳島刑務所を出所後、古川組に本部長として迎え入れられたのだった。

のちに若頭に就任するが、このとき、タレントの島田紳助《しまだしんすけ》の引退の遠因となった右翼とのトラブルを収めたことで名前を聞いた人も多いだろう。

私は古川組に移籍する前に一度、入江に会ったことがある。先にも述べたとおり、私の移籍については紆余曲折があり、片岡の仲介で当初は山健組・桑田組長の舎弟の盃を受けることになっていた。最終的に本部の振り分けで古川組に決定したのだが、そのような関係から、片岡が大阪戦争の戦友で兄弟分の入江を私に紹介したのだ。

ひと目見て私は入江の器の大きさを感じた。山健組本部長の片岡と並んでもまったくひけをとらない。懲役で出世が遅れていたが、五代目山口組組長秘書の正木年雄や貴広会の津田功一といった当時の直参と兄弟分であり、さすがの貫禄《かんろく》であった。

入江のほうも竹中組、中野会で若頭補佐を務めてきた私に一目置いたようである。

そのとき以来、私は入江をライバルと見るようになっていた。入江は勾配のキツい（とっつきにくく激しい）男で、なかなか人の意見を飲み込もうとしない。また、少々強引なところがあった。それだけに、幹部会ではつねに言い合いとなった。

時に激しいバトルになることもあり、その様子を見た一極会の中村政義会長などは「兄弟

（私のことである）と若頭《カシラ》の話し合いはケンカでんがな」とあきれ顔で言うほどだった。

それでも会の終わりには「姫路の兄弟、これでよろしいか」と必ず同意を求めてくるなど、お互い建設的な意見が出し合えるいい関係にあったと思う。

入江はほかの組についても熱心に情報収集していた。あるとき、私にこう尋ねてきたことがある。

「姫路の兄弟、ウチも中野会のような強力な戦闘部隊をつくりたいんやが、どうすればあないな戦闘力が出せるんや？」

私は中野会では一度使った道具はすべて回収し、足がつかないように処分すること、ガラス割りは破門になることなどを包み隠さずレクチャーした。

「なんでガラス割りが破門なんや？」

「ガラス割りいうたら中野会では子どものケンカ。やる気がない証拠や。さらにガラス割りにもならん道具の所持で捕まろうもんなら役職剥奪、謹慎。これはもう警察に逃げ込んだも同然と見なされてしまうんや」

「そこまで厳しいせんとあかんのやな」

まるで咀嚼《そしゃく》でもするかのように、うなずきながら耳を傾けていた。やくざ事にはとてもまじめな男だった。

反目の連鎖

経済やくざのはしりといわれた佐々木組の出身らしく、入江はカネの臭《にお》いを嗅ぎ分ける嗅覚に長《た》けていた。建設業界に参入してみずから建築業組合をつくり、従わない者には容赦なく猟銃をぶっ放すなど行き腰（ケンカ根性）もあった。

入江の実力は誰もが認めていたし、古川初代も組の運営を一任するようになっていた。しかし、利己的でワンマンなところがあり、不満を持つ組員も少なくなかった。

「やくざに仲よしクラブはいらんねん」

それが入江の口癖である。たしかにしっかりした組織をつくるにはそういう厳しい面も必要だろう。だが、力ずくで相手をねじ伏せていく入江のやり方は組員とのあいだに対立を生み出し、次第に古川組をギスギスしたものに変えてしまった。

対立が鮮明になったのが古川組若頭で初代琉真会会長の仲本政弘との反目である。問題になったのは懲役に行っている琉真会の若い者への支援を入江が拒絶したことだった。

沖縄では一九九二年に終結した「第六次沖縄抗争」のあとも断続的に衝突が続いており、琉真会には三代目旭琉会の助っ人として沖縄旭琉会と戦い、殺しで懲役に行っている者がいたのである。

「何言うてまんねん。それは組事違《くみごと》いまっせ。私事《わたくしごと》の争い、私闘でんがな」

そう言うと、入江は琉真会の申し出を突っぱねた。これには私も首を傾《かし》げた。たしかに私事と組事との難しい線引きはあるにしても、沖縄と琉真会には複雑な歴史があり、突きつめれば古川組にも関係してくることである。そこでジギリをかけた（組のために懲役を勤めた）若者を切り捨てるというのは、いくらなんでもやりすぎである。

この裁定以後、仲本政弘は古川組本部にぱったり顔を見せなくなってしまった。兄に同調した仲本兄弟の弟・政英と、さらに政英と兄弟分の田中茂も追随して事務所に来なくなってしまったのである。

ところが強硬路線を突っ走る入江は政英、田中の二人に対しても「破門」の処分を下したのである。

「なんで破門せなあかんねん！」

幹部会で私は声を荒らげて噛みついた。二人は私の兄弟分であり、今回の行動も理由があってのことである。その腹も聞かずに「破門」というのは納得できない。

「兄弟がそう言うなら、ほな親父にいっぺん聞いてみるわ」

入江は古川初代の意見を聞きに親分の部屋に行き、戻ってくるなりこう言った。

「親父も『破門や』と言うてる。これでええか」

「……」

親分に言われた以上、もう何も言うことはできない。私はこのとき、古川組の変節を痛感した。

たしかに入江は器も大きく、やくざとしては一流で、コメを運ぶ（カネを稼ぐ）甲斐性もあった。それが果たして古川組にとってよかったのか。組のなかでもしっかりした者が次々と離れていくのを、私はただ見ているしかないのだ。

その後も入江は自分の意に従わない者の排除を続け、古川組の古株で若頭補佐をしていた森本重行をも排除しようとしていた。

のちに舎弟頭の西林健二から聞いた話では、「森本重行にやくざはささへんぞ」と親分でも口にしないような強い言葉で相手を責め立てたらしい。

その言葉が入江の命取りになってしまった。

三発の銃弾に斃れる

二〇〇一年七月――。その日、尼崎の古川組事務所は階段にまでSWAT隊（アメリカの特殊機動部隊になぞらえた部隊）が立ち並ぶ厳戒態勢が敷かれていた。入江が神戸・三宮《さんのみや》にバカラ賭博場を出す計画を立てたことで三宮を縄張りにする片岡と揉め、かなり険悪になっていたのだ。兄弟分であってもシノギをめぐる争いは厳しいのである。

そこに非番の古川組組員・森本秀行がひょっこり顔を出した。秀行は森本重行の弟である。

「ご苦労さん」

秀行はSWAT隊に声をかけ、普段と変わらぬ動作で応接間に入ると、なかにいた入江の前にすっくと立ちはだかった。

「なんや?」

一瞥《いちべつ》する入江に秀行は答えもせず、次の瞬間、腰に差していた銃をおもむろに握ると、三発、続けざまに引き金を引いた。

パンパン、パーン。

即死であった。

銃声を聞いて駆けつけたSWAT隊もまさかの出来事に呆然《ぼうぜん》とするばかりであった。階段をダッシュで駆け抜ける秀行をさすがに撃つことはできず、追いかけるのが精いっぱいで、ようやく路上で身柄を取り押さえたのだった。このとき、SWAT隊のひとりが銃を暴発させ、自分の足を貫通させた。

なんとも言いようのない事件であった。動機は「兄貴にあないなこと言うヤツは許されへん」と兄の重行に言ったことを恨んでの犯行だった。

私は森本兄弟をよく知っている。とくに兄の重行とは親しくしていた。

組事でも何度か行動をともにしており、諏訪一家の三代目・桜井好孝総長が亡くなったときは、私と田中茂、森本重行の三人で代貸《だいがし》の奥野清のもとを訪れたことがある。田中が代貸と兄弟分だったので、入江が「引っ張れ」と無理を押したのだ。

これはいやな役回りだった。代貸が古川組に色気などないことは田中も重行も百も承知だ。それを入江に言われてしかたなく動いたのである。私は二人の気持ちを酌んで、代貸にこう伝えた。

「田中も森本（重行）も代貸を引っ張ろうと思ってきたんと違いますよ。頭《かしら》に言われてしかたなく、こうして顔を見に来ることにしたんです。代貸はどこでも好きなところに行ってください」

このひと言で、みんな楽になったようだ。代貸とはしばらく世間話をしただけで帰途についた。そんなこともあって、重行とは気持ちも通じていたし、弟の秀行とも事件の数日前にちょっとしたことがあった。

その日、私はちょうど事務所当番だった。すると、とくに用事もないはずの秀行がやってきて「叔父貴、ご苦労様です」と挨拶して帰っていったのを覚えている。

もしかしたら、その日に決行するつもりだったのかもしれない。けれども私が当番と知って迷惑をかけないように日にちをずらしたのではないか。私はそう思っている。重行も秀行も、どちらもそういう男なのだ。

この件で秀行は懲役十六年の長い勤めに出た。そして二〇一七年十一月に出所している。

火葬場で入江の遺体が焼かれているとき、兄弟分の片岡がひとり佇《たたず》み、山のほうを向いて頭《こうべ》を垂れていた姿がいまも瞼《まぶた》に焼きついている。それは大きな星がまたひとつ消えていったと痛切に感じさせる情景だった。三宮のバカラの件でやり合っている最中だったとはいえ、やはり兄弟分であり、お互いライバルでもあり、大阪戦争ではともに戦い、艱難辛苦《かんなんしんく》を乗り越えてきた同士なのだ。

いま振り返ってみると、入江と私ではやくざの軸足が違っていたように思う。

たしかにやくざの資質は一流であったが、勾配がキツく、すべてを損得で割り切ろうとするところがあった。ものごとを利で量ろうとする入江と義理人情をいちばんに考える私とでは所詮、生き方が違うのだ。

入江の死は、やくざとしてどう生きるべきか、また、やくざとはなんなのかを、あらためて私に問いかけたのだった。

律子姐の思い出

古川組の番外編として古川初代の姐《あね》さんである律子姐についても簡単に触れておきたい。

やくざの姐さんというと多くの人は映画『極道の妻《おんな》たち』（一九八六年、東映）に登場する岩下志麻《いわしたしま》や、かたせ梨乃《りの》といった女性を想像するかもしれない。

たしかに、そのような女性は美人でかっこいいが、やくざの世界は極端な男社会であり、組長に代わって表に出る女性というのは現実には田岡文子姐以外には存在しない。むしろ見

◉女優の江波杏子によく似た、見かけだけなら『極妻』に出演していてもおかしくないほどの別嬪だった律子姐(右)と私。姉御肌で面倒見もよく、古川組在籍中はお世話になった。

えないところで親分や子分を支える「内助の功」を尽くすもので、いうなれば相撲部屋のおかみさんに近い存在である。

律子姐は女優の江波杏子《えなみきょうこ》によく似た、見かけだけなら『極妻《ごくつま》』に出演していてもおかしくないほどの別嬪《べっぴん》で、姉御肌で面倒見もよく、在籍中は本当にお世話になった。

私が刑務所に行っているあいだやバットで殴られ六道《ろくどう》の辻《つじ》をさまよっているときなど、よく嫁の相談に乗ってもらったものだ。懲役中に義竜会の組事務所として借りていたビルが村正会二代目・小山健治に地上げされ、強制退去の危機にあったのを、いろいろアドバイスをして救ってくれたのも律子姐である。

姐さんも私たちには好意を持ってくれたようで、若衆二人だけを連れてよく姫路に遊びに来ていた。古川初代は姐さんひとりで出かけるのを好まなかったが、姫路に行くことだけは黙認していたようである。

「たまには息抜きせんとね」

そう言って姫路の沖にある家島《いえしま》諸島にクルーザーで海水浴に行ったり、龍野《たつの》で花見をしたり、姫路市内の店をよく飲み歩いたりした。

律子姐は古川初代の後妻にあたる。もともと律子姐の姉が大阪・北新地でクラブを経営しており、そこで店を手伝っていた姐さんを見初めた古川初代が通いつめたのが馴《な》れ初めだそうだ。所帯を持ったのは一九七〇年で、そのころは律子姐の姉が所有するマンションに住んでいた。やり手であった律子姐は金銭面でも古川組をサポートしていた。

当時は古川初代も十万、二十万のカネに困ることがあったというから、いまでは信じられない話である。

律子姐のもとには親分に内緒で若い者らがよくカネの無心にやってきていたという。そのような者たちに律子姐は文句ひとつ言わずに黙って援助していたそうである。のちに古川組が大きくなったのも、こうした「内助の功」があったからこそだろう。

律子姐といえば忘れられないエピソードがある。

一九八九年末、私の兄弟分の田中茂が年納めの挨拶に行ったときのことである。付きの若い者・小畑典紀を車に待たせて律子姐に挨拶に行くと、酒を飲みながら元組員の矢倉喬と口論していた。矢倉は有名ないきっぱなし（クレイジーの意）で評判が悪く、絶縁されているので、古川家の敷居をまたぐことは許されないはずなのだが、古株なので姐さんとも縁が深かったのだろう。なぜかその日も律子姐と飲んでいた。

田中が割って入って口論を収めると、いったん矢倉は帰った。しかし、しばらくすると再び日本刀を持って現れ、「えいやー」と二人に斬りかかったのだ。

「た、大変なことになってますっ」

矢倉の若衆から事情を聞いた小畑がなかに入ると玄関で腰を抜かした姐さんが倒れていた。すぐに姐さんを助け出し、車に乗せて近くにある琉真会事務所で降ろすと踵《きびす》を返し、応援を連れて古川初代の本宅に引き返した。

現場では田中と矢倉が大立ち回りの最中だった。丸腰の田中は矢倉が振り下ろした日本刀を素手でつかみ、すでに血みどろの状態だった。

「ええ加減にせえ」

琉真会の若い者が車で矢倉を跳ね飛ばし、小畑たちの勢いに呑まれて、ようやく事態は収まったのだった。

この刃傷《にんじょう》がもとで、田中は人差し指を一本落としている。姐さんを命がけで守った侠の勲章である。

第2章

許永中からの九通の手紙

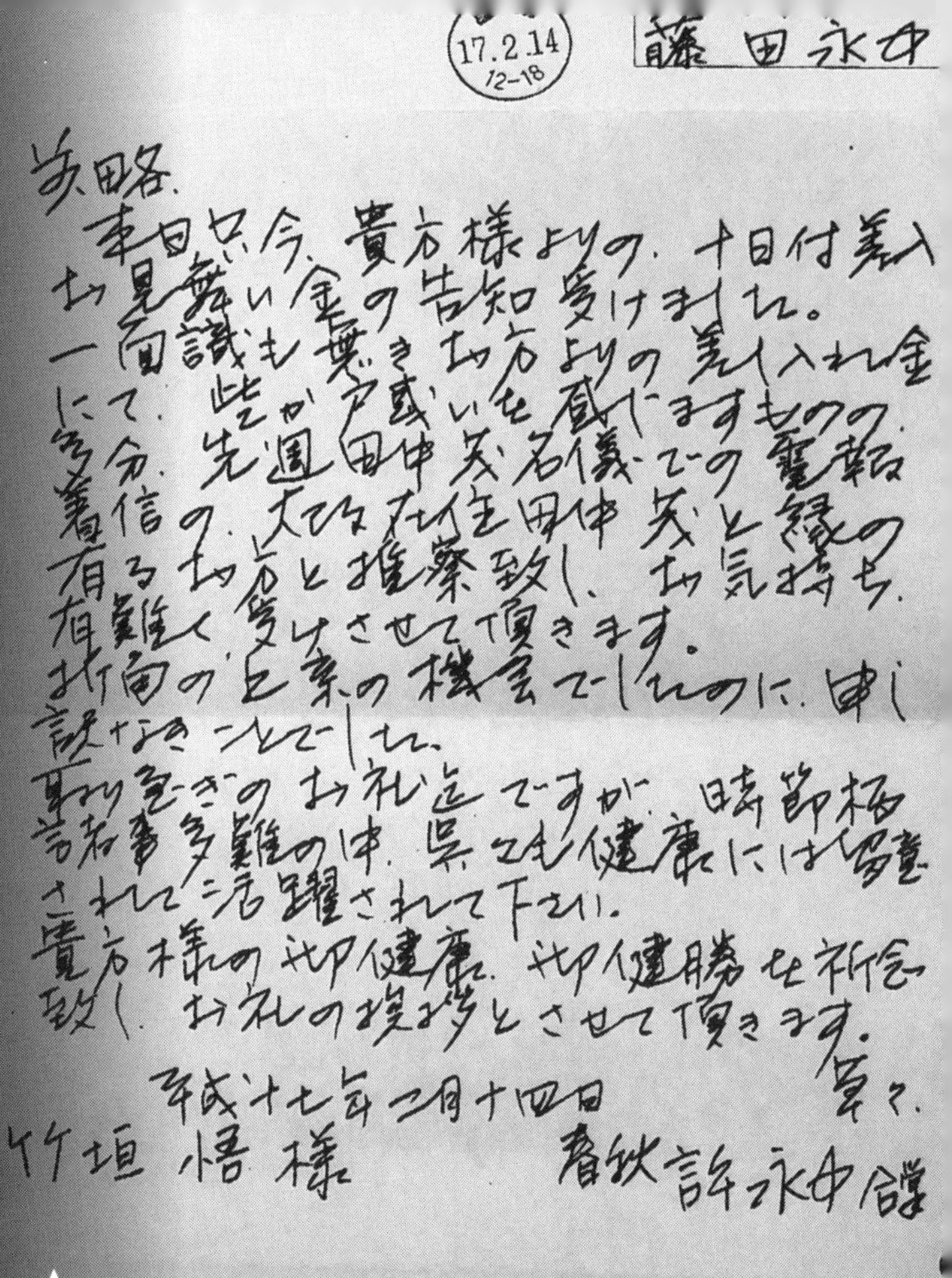

17.2.14
12-18

藤田永中

前略、
本日只今、貴方様よりの、十日付差入
お見舞い金の告知受けました。
一面識も無きお方よりの差し入れ金
にて、些か戸惑いを感じますもの
の、先週田中先生名儀での電報
着信の、大阪在住田中先生と縁の
有るお方と推察致し、お気持ち、
有難く受けさせて頂きます。
折角の上京の機会でしたのに、申し
訳ないことでした。
取り急ぎのお礼迄ですが、時節柄
苦労多難の中、呉々も健康には留意
されて活躍されて下さい。
貴方様の御健康、御健勝を祈念
致し、お礼の挨拶とさせて頂きます。
草々
平成十七年二月十四日
竹垣悟様
春秋 許永中 合掌

◉2000年2月から9月にかけて許永中と9通にわたって交わした書簡の1通目。許永中という希代の男の「生きざま」を知るいい機会となっただけでなく、その後の私の人生にも大きな影響をおよぼした。

兄弟分・田中茂の破門をめぐって

二〇〇五年二月から九月にかけて、私は許永中と九通にわたる書簡を交わしている。私が古川組に移籍したのは一九九七年であり、そのころすでに許永中は拘置所に収監されて囚《とら》われの身であった。よって古川組での接点はなく、許永中とは一面識もなかった。

そのような私がなぜ書簡のやりとりをしたのかといえば、破門された兄弟分・田中茂の処分撤回をめぐって、どうしても許永中の力添えを取りつける必要があり、それがそもそものきっかけとなっている。

この経験は私にとって大変貴重な財産になった。許永中という希代の男の「生きざま」を知るいい機会となっただけでなく、その後の私の人生にも大きな影響をおよぼしている。

手紙はすべてわが家の仏壇の奥にしまってあるが、いま読み返すと、当時の古川組の動向や許永中の心の動きがわかってとても興味深い。

とくに書簡のやりとりをした二〇〇五年は七月に司忍が六代目を襲名、十月には古川組初代・古川雅章が引退し、息子の恵一が二代目となり、そして私も引退するという、山口組のなかのみならず私の人生においても目まぐるしい変化が起きた時期でもある。

許永中については現在、母国の韓国で実業家として活動していることが報じられ、また二〇一九年に上梓《じょうし》された自伝『海峡に立つ』（小学館《しょうがくかん》）がベストセラーになるなど、いまも世間の関心は高い。

これまで語られてきた姿とは違う一面になると思うが、この機に私が書簡を通じて触れた許永中という男の実像について書いておきたい。

前章で述べたように、古川組舎弟の田中茂は当時、本部長だった入江秀雄と琉真会・仲本政弘若頭が対立したことから、半ばとばっちりのようなかたちで破門に処されていた。その後はしばらく昼間から飲んだくれるような燻《くすぶ》った生活を送っていたが、このまま酒呑《さけの》みとして終わらせるにはもったいない男で、「もう一度、やくざをさせたい」と、つねづね私は考えていた。

それが入江が射殺されたことで、にわかに復帰の道が開けてきた。私は古川初代との関係も良好で、田中を組に戻す自信があったのである。

二〇〇四年末、突然、渡辺芳則五代目の休養が発表され、山口組内部で再編の動きが慌ただしくなるのを見て、私は田中に切り出した。

「兄弟、もういっぺん、やくざする気はないんか。親分にはワシが話をしてもええんやで」

田中は一拍間《ま》を置いて、こうつぶやいた。

「ワシが死ぬも生きるも、藤田の会長（藤田永中＝許永中のこと）次第や」

許永中を親分のように慕う田中は命までも預けているのだ。

「よっしゃ。許永中が『ええ』言うたらええんやな。ほなワシから、いっぺん聞いてみるわ」

明けて二〇〇五年二月、私は許永中が収監されている東京拘置所に向かった。時間は午後のあえて面会受付ギリギリの遅い時刻に行くことを選んだ。

拘置所の面会というのは一日一組と決まっている。私のような者のせいで大事な家族や関係者との面会ができなくなっては申し訳ないという配慮からだ。

窓口で面会を申し込むと、予想どおり、その日の予定は終了していて会うことはかなわなかった。私はこの場に来たという印に些少《さしょう》の見舞金を差し入れて、拘置所をあとにしたのだった。

するとその四日後、許永中から私のもとに次のような書簡が届けられた。

前略
本日只今《ただいま》、貴方様《あなたさま》よりの、十日付差入お見舞い金の告知受けました。
一面識も無きお方よりの差し入れ金にて、些《いささ》か戸惑いを感じますものの、多分、先週田中茂名儀《ママ》での電報着信の、大阪在住田中茂と縁の有るお方と推察致し、お気持ち有難く受けさせて頂きます。
折角の上京の機会でしたのに、申し訳なきことでした。
取り急ぎのお礼迄《まで》ですが、時節柄諸事多難の中、呉々《くれぐれ》も健康には留意されて活躍されて下さい。
貴方様の御健康、御健勝を祈念致し、お礼の挨拶とさせて頂きます。
草々
平成十七年二月十四日
春秋　許永中　合掌
竹垣悟《さとる》様

簡素な礼状ながら達筆で、文面のなかに義理に篤《あつ》い人柄を私は感じとった。これを機に、およそ八カ月におよぶ許永中との対話が始まったのである。

四通目の意外な内容

対話を始めて最初の三通は図書のやりとりなどをして、何気ない会話に終始した。お互いに相手がどういう男で、どんな腹づもりなのかを見定めていたのだと思う。相手の思想を知る意味でも、どんな本を読んでいるかという情報は役に立つ。

やくざというのは初めて会う男に対してつねに警戒し、下調べを怠らないものである。ましてや生き馬の目を抜く世界で数々の修羅場を潜《くぐ》り抜けてきた許永中であればなおさらだろう。私についての情報を各方面から収集していたはずだ。

たとえば二通目の手紙にこんな一節があった。

お便り拝読致し、貴兄が以前入院中に、仲本（政英）と田中が私の面前で入江と貴兄のことで云《い》い合うのを聴いたことを思い出しました。

この一文は私と田中と入江の三人が姫路で飲んだことから起きた騒動を指したものである。私と入江との関係は山健組本部長の片岡昭生の仲介もあって移籍当初は良好なものであった。そこで兄弟分の田中を交えて姫路で飲んだのである。

しかし、入江と対立していた仲本政英にはそれが気に食わず、拘置所での許永中との面会の場で「この裏切り者！」と田中を面罵したのである。

また、文中に「貴兄が以前入院中」とあるのは、私に実刑判決が出て執行停止中のことだろう。

この一文を見ただけでも私と入江との関係や古川組での微妙な立ち位置まで許永中は把握していたと感じとれる。

幸い許永中の目に私は味方と映ったようである。私も許永中には侠道精神を重んじる同じ侠の臭《にお》いを嗅ぎとっていた。

そこで次の書簡にていよいよ本題に切り込むことにした。田中の破門を撤回するように古川初代への口添えを求めたのだ。

その返信となるのが以下の四通目の手紙である。

前略

二日付書信、着信致しました。

又、先般差し入れ送付頂いた図書六冊（荒らぶる獅子《しし》）（引用者注＝竹書房《たけしょぼう》のコミック版）も舎下《しゃさ》げ（引用者注＝差し入れを手元に届けてもらうこと）になっております。

特段の削除せずともよいものを、余計な神経を遣いすぎるのでしょう。

扨《さ》て、書かれています田中茂の古川の復縁の件ですが、私は全くといってよい程、外の事情が判《わか》っておりません。入江主導で諸事が進められてゆく中で、私が古川の為《ため》に良かれと考える事が要らぬ誤解を生んでしまっての今日です。

お偉い御方よりも弁護人を通じてお見舞いの言葉を頂いたり、御心配もお掛け致しておりますが、一切の弁明もせずにいるのが正直なところです。

古川を説得するもしないも、そもそもの理由すら全く判らぬのに、一面識も無き貴兄に余計な負担を掛けてしまいかねない事を安請け合いも出来ぬものです。

貴兄が云はれるように、田中茂という男は酒呑みで終わるには余りにも惜しい男ですし、又、本人も勿論《もちろん》そんなことは一切考えもしていない筈《はず》です。

ただ、ちょっと違うのは、本人は堅気になったとは毛頭も思っていませんし、なる気もありません。

これは私も昔から思っていることですが、代紋を背負ったからヤクザ、代紋が無ければカタギという線引きはおかしいと思うのです。

〝ヤクザ〟〝侠〟というのは自身の生き様、自身の信条というものであり、決して看板や職業ではないと思います。

ですから茂も死ぬ迄ヤクザ者としての矜持は持ち続けることでしょう。

差し入れ図書で判りましたが、貴兄はあれ程の親方の薫陶を直々に受けて、自身もしっかりと地獄を踏んで来られています。私がどういう気持ちでいるのかは充二《ママ》分に判って貰《もら》えるものと考えます。

いずれに致しても、田中茂を兄弟分として心より心配されてられる気持ちは、さすがはと思はされました。

本人の身の立つように、何とかしてやりたいと考えるのは私も同じことです。

貴兄も本来ならとっくに直参の立場として当代に従《つ》いているべきキャリアの人です。

大所高所からの判断も充分に積んでこられていることでしょうし、ましてや踏んで来ている場面も違います。

これよりの斯界《しかい》も正に一寸先が見えぬ激動の時代に突入しております。

真の心の繋《つな》がり、真の漢《おとこ》の交誼《こうぎ》があってこそ、堂々たる人生勝負が叶《かな》うものでしょう。

貴兄と茂との〝男の友情〟が判ったことが何よりのことでした。古川云々《うんぬん》は別にして、田中茂との縁は一生もんにしてやって欲しく思います。

別便で、又、図書を送って頂いたとのこと、申し訳なく存じます。〝後書き〟を書かれているとのこと、楽しみにしております。

では、貴兄も世相多事多難の折りから、呉々も御自愛されて活躍されて下さい。

草々

平成十七年三月七日

春秋

藤田永中拝

合掌

竹垣悟様

最初にこの手紙を読んだとき、正直、がっかりした。許永中ほどの男なら田中のために二つ返事で承諾してくれるものと思っていた。それを収容生活で事情がわからぬこととはいえ、にべもなく断ったのである。

私は腹立たしくなった。心の底から心酔し、命まで預けている男のために、なぜひと肌脱いでやろうとしないのか。

とくに次の一文が私の神経を逆なでした。

本人は堅気になったとは毛頭も思っていませんし、なる気もありません。

入江に半ば強制的に破門され、やくざに未練を残したままカタギにされた田中が、カタギになったとは「思っていませんし、なる気もありません」とはどういうことか。

カタギになったいまも昔と変わらず「ヤクザ者としての矜持」を持ち続けているというのなら別段、やくざに戻る必要などなく、このままでいいことになってしまう。

田中をもう一度侠にしたいと考えて古川初代との復縁を願っているのに、これではまったく話が噛み合わない。

私は許永中という男を見損なっていたのだろうか。

ところが見損なっていたのはむしろ私自身のほうだったと気づいたのは、しばらくたってからのことである。

頭に血がのぼっていた私はありのままの感情を許永中にぶつけてしまった。それから二人のあいだの書簡はしばらく途絶えてしまうことになる。

「古川真澄」と「古川雅章」

手紙の理解を深めるために、ここで許永中と古川組の関係をあらためて整理しておこう。

前述したように、古川初代と許永中の関係はある右翼組織とのトラブルを古川初代が収めたことからだといわれている。それ以降、許永中は古川初代に心酔し、組員ではないものの、古川組の「相談役」としてかかわりを続けてきた。

もっとも周囲の目はそうは見ず、警察資料には「準構成員」「企業舎弟」と書かれていたようだ。

一九八四年に古川初代が長期の懲役に行くと、許永中は古川組の「組長代行」としてさらに深く入り込んでいく。当時、古川組に在籍した者に聞いたところによると、資金面だけでなく組事全般を指揮していたようである。

ところが入江の加入を境に古川初代と許永中のあいだに亀裂が入り始める。

二人が仲違いに至ったそもそもの原因は息子の古川恵一のことだといわれている。恵一は渡世入りする前に古川初代の口添えで東京の許永中が所有する不動産会社に就職し、やくざになったあとも頻繁に出入りして関係を続けていたが、あまりに品のない人間ばかり連れてくるので、

「恵一、おまえ、あない詐欺師ばかり連れてきおって、仕事にならんやないかい」

と許永中の逆鱗《げきりん》に触れ、会社から放り出されてしまった。これを快く思わなかった古川初代が許永中から離れ、入江を重用するようになっていったというのである。

入江にしても許永中とはシノギで被《かぶ》るところも多く、影響力を排除したいと目論《もくろ》んでいた。実際に組を追い出された琉真会の仲本政英や田中らは許永中派といっていい存在で、それまでの古川組の主流派でもある。

つまり今回の田中の破門は裏に旧勢力である「許永中派」と新勢力の「入江派」の派閥争いがあったと考えると理解がしやすいと思う。

では、手紙に戻ろう。前回の四通目の手紙で頭に血がのぼった私は感情的な手紙を許永中

に送ってしまった。

しかし、熱が冷めていくとともに手紙の真意におぼろげながら気づき始めていた。それは次の部分である。

〝ヤクザ〟〝侠〟というのは自身の生き様、自身の信条というものであり、決して看板や職業ではないと思います。

私は許永中を同じ古川組に所属するやくざだと勘違いしていた。建て前は「盃なしの相談役」となっていたが、そのような存在は山口組に掃いて捨てるほどいる。シノギの都合で代紋を隠しておきたい人間もいるのだ。

しかし、許永中はそのような次元でものごとをとらえてはいなかった。「やくざ＝侠」というものを「生き様」「信条」であると考えていて、代紋のあるなしは関係ないというのである。

この言葉を完全に理解するのは当時の私には難しかったと思う。私は現役で代紋を背負ってこそやくざと考えていたのだ。

そして書簡が途絶えてから三カ月後、やりとりを再開した私は五通目の手紙で許永中の古川初代への思いを知ることになる。

前略

三月十四日付で、城崎《きのさき》ときわ別館よりの来信で貴兄との御縁は無きものと考えておりました。

ですからこの二十日付書信を拝読致し、些かの戸惑いを感じております。

前便で貴兄は山口組という組織についての持論も書かれていました。

又、田中茂等の者達を私が自分の手足として利用するかの間違った解釈をしていたとも書いてられました。

一面識も、何等《なんら》の接点も無かったのですから誤解があって当たり前でしょうが、貴兄は私と古川との関係について全くといってよい程判っていません。

私は古川真澄という男に義理を感じ、立場違い乍《なが》ら、古川の留守中、古川の看板を〝金看板〟にすべく些細な努力をしたにすぎず、五代目御大《おんたい》のお力添えも頂いたのです。

古川雅章という今の古川は、私の知らない、私の理解を超える人間でしかありません。

御大に私が直接約束致したこともあります。

何にしても今の古川雅章なる人間、古川組という組織の現在の有り姿は、私にとっては考えられないものだということです。

残念至極、本当に寂しい話です。

組織としての一員たる筋目、ケジメに対して無知な私ではないですが漢渡世《おとことせい》は〝熱い心〟〝円い心〟が無ければ続けられるものではない筈です。

たまたま貴兄とは、田中茂という好漢を案ずる貴兄の配慮からのことですが、お互いもう少しのこの世での時間が与えられているようです。

温泉は私も大好きで、社会に戻れば限られた数少ない友人達と、ゆっくりと各地の温泉場で美味《おい》しい酒を酌み交すのを楽しみにしています。

貴兄ともそういう友情を共有出来る関係になれれば、人生また面白いものではと思ったりします。

近々に田中、瀬田両名が上京接見との報《しら》せが入っておりました。

貴兄の心遣いを田中茂に伝えておきます。

体調には呉々も留意されて御自愛下さい。

草々

平成十七年六月二十七日

春秋
藤田永中拝
合掌

竹垣悟様

前回の手紙から冷静になるのに三カ月を要した私に、まず許永中は「貴兄は私と古川との関係について全くといってよい程判っていません」と指摘した。

図星である。私は田中をやくざに復帰させたいと願うばかりに「代紋」というものにこだわりすぎて許永中と古川初代の関係を見誤り、許永中という男そのものを見誤っていたのである。

そこに綴られていたのは私の知らない許永中の葛藤した姿だった。

古川初代は本名を「古川真澄」という。一九九二年に徳島刑務所を出所したあと「古川雅章」に改名しているが、許永中は古川初代という男を「古川真澄」と「古川雅章」に分けて、あたかも別の人間であるかのように扱っている。

そして「古川真澄」を高く評価し、「古川真澄という男に義理を感じ、立場違い乍ら、古川初代の留守中、古川の看板を〝金看板〟にすべく些細な努力をした」と綴っている。これは古川初代が懲役に行っているあいだに「組長代行」をしていたときのことだろう。

ところが懲役から帰ってきた「古川雅章」は「私の知らない、私の理解を超える人間」であり、「今の古川雅章なる人間、古川組という組織の現在の有り姿は、私にとっては考えられないもの」だと評価を一八〇度変えているのだ。

この項でも触れたように、古川組内では「許永中派」と「入江派」の熾烈《しれつ》な派閥争いがあった。入江が古川組に移籍したのは、ちょうど古川初代が出所する数年前のことである。

要するに古川初代の出所の前後で組内の勢力が入れ替わってしまい、体制自体も変わってしまったことで、許永中は古川初代をまったく別人のように感じたのだと思う。

私も入江主導の政治には違和感を抱いていたし、田中が破門されたときには「古川組の変節」を感じた。おそらく許永中も同じような感覚だったのかもしれない。

そのように理解したとき、「漢渡世は〝熱い心〟〝円い心〟が無ければ続けられるものではない」と続けた許永中の言葉がストンと私の腑《ふ》に落ちたのである。

この手紙以降、私は田中の破門処分撤回に関する依頼をいっさいやめ、興味は許永中という人間そのものに向かったのである。

「やくざに代紋はいらない」

田中の現役復帰を求めて始めた書簡のやりとりであったが、私は知らず知らずのうちに許永中という男に引かれ、手紙からいろいろなことを教えられるようになっていた。

文面からもわかるように、許永中は「やくざよりやくざらしい侠」といえるのではないか。それは許永中自身の生き方でもある。大阪・中津のスラム街に育ち、在日として差別と戦いながらケンカに明け暮れ、体ひとつで生き抜いてきたのである。その途上で古川初代や菅谷組内生島組・生島久次組長らと親密な関係を築き上げるが、最後まで組織に所属することはなかった。

その単孤無頼の生き方は私の崇拝する竹中正久親分にも共通するものでもある。昭和三十年代に愚連隊を率いていた正久親分は姫路のやくざ相手に一歩も引かず、一本独鈷を貫いていた。

三代目山口組・田岡一雄組長の盃を受けてからも自分の生き方を曲げることはせず、ひたすら俠を貫いて決して迎合することはなかったのである。そんな共通項が私に親近感を抱かせたのかもしれない。

許永中から学ばせてもらったことはいくつもあるが、最も重く心に響いたのが「代紋を背負ったからやくざ、代紋がなければカタギという線引きはおかしいと思うのです」から始まる一節である。

四通目の手紙にあったこの一節を、私はただちに理解することはできなかった。完全に理解できるようになったのは、私がカタギになってからのことである。

私は二〇〇五年十二月、盃も交わしていない二代目・古川恵一から破門状が出たのでアホらしくなり、カタギになった。

三十年以上やくざとして生き、極道の垢《あか》がしみついた私は、これからどう生きていくべきかを思いあぐねていた。

そんなとき、許永中の言葉が頭に浮かんだ。

「俠として生きるのに、代紋は関係ない。私はやくざはやめたが俠をやめたわけではないのだ」

そう考えると気持ちが楽になった。侠客として生きるにはどうすればいいかを真剣に考えるようになり、やくざの置かれた現状や暴力団の問題点がおのずと見えてきた。そして幕末の侠客・大前田栄五郎をヒントに暴力団員と犯罪者の更生支援を行うＮＰＯ法人「五仁會《ごじんかい》」の設立に至ったのである。

このことは許永中も知らないと思うので、引退後の人生の指標をいただいたことに、この場を借りてお礼を申し上げたい。

私はいつしか許永中からの書簡を心待ちにするようになっていた。六通目以降は、お互い侠としての生き方について意見を出し合うなどしていたが、時に山口組の内部事情にもおよんだ。

なかでも記憶に残っているのが九通目の手紙である。私は信頼する相手には自分を理解してほしいと願うあまり、すべてをさらけ出してしまう癖がある。

許永中にも、私が巻末に特別寄稿したコミック版『荒らぶる獅子』や、私が〝宝物〟と呼ぶ正久親分からいただいた書簡のコピーを送るなどしていたが、これに呼応して綴られた手紙が当時の山口組の状況を偲《しの》ばせるものであるので紹介しておきたい。

前略

只今、送付頂いた貴兄の〝宝物〟コピー一式の冊子、配布ありました。お出会いする機会の無かった御人でしたが、この文中にもある故生島兄より何度も聴いておりましたので、自分の中での人物像は出来上がっておりました。生島兄の実弟もその後岡山の人（引用者注＝竹中武組長）の若い者になった迄はよかったのに、道を違《たが》えての今日の不遇生活です。

生島兄を古川に引き合せたのですが、古い若い者達が、既に中野の舎弟になっていたこともあり、又、本人も感ずるものがあってでしょうが、中野の相談役についたことからあの不本意な死に方に繋がってしまいました。平成八年八月二十六日からもう丸九年になります。

一月二十六日のあの事件のあったマンションも生島兄の手配で地元の小西支部長（解《かい》同《どう》飛鳥《あすか》支部）の名儀《ママ》での契約でした。

その小西支部長も先日の解散迄は中野会特別相談役でしたから、因果は巡り巡るものだと痛感してしまいます。その小西支部長を生島兄に紹介したのも私です。不思議な縁を感じます。

この〝宝物〟を拝読して率直に思うのは、ここ迄の親分を持った貴兄は、本当、〝男冥利に尽きる！〟ということと、反面、なのに、何故《なぜ》、どうして中野会に所属してしまったのか、何故その後古川なのか？ということです。

生島兄が姫路の親方の盃を受ける気持ちになったのは菅谷解散の話し合いの場面での、姫路の親分の〝男の所作〟に感じ入ったからこそ、ヤクザを続けるなら〝この人〟と肚《はら》を括くったからです。

成りゆきと、仕方なく山健預かりになり、その後古川へということではありましょうが、今回のこの〝宝物〟の所持者であり当事者でもある貴兄のその当時の姿を想像すると、どうにもギャップが生じます。

私の知っている〝古川真澄〟という人も、本来この〝宝物〟の御方と比しても全然見劣りしない、私にとってはそれ以上の大した人でした。

どこでどう間違ってしまったのか、残念でなりません。

あの人を立派な形で迎える事を一念に頑張り、それが叶わぬ形での再会の晩、私は言葉も無く涙を流すばかりでした。

その晩の席を故入江が仕切っていた時から完全にボタンがかけ違えられてしまったの

でしょう。

今更何云っても仕方の無いことですが、私の中では昔の〝古川真澄〟こそが古川そのものなのです。

貴兄のことは瀬田の栄機さんよりも少し聞いています。昔の貴兄の縁のあった人が栄機さんの古い友人でその人よりの話らしいですが、貴兄はとてもいい男で、姐さんもしっかり者で、情の濃い一家内だとのことでした。

昔、恵一が私方会社で働いている時、中からの便りを恵一がよく見せてくれていましたが、この〝宝物〟に負けぬ程の立派な愛情に溢《あふ》れた、胸打つ書信でした。

何故かそんなことも思い出してしまいました。

では、本当有難いお宝コピー、本当有難うございました。貴兄が羨やましくも思います（正直なところ）。とり急ぎのお礼迄にて！

草々

九月二十八日

春秋拝

竹垣悟様

許永中は正久親分とは一面識もないものの、生島組・生島久次組長からよく話を聞いていたようである。

生島組長は大阪・生野《いくの》の出身で、許永中とは在日同胞にあたる。一九七一年ごろ、終戦後の神戸で国際ギャング団のリーダーとして名を馳せた通称「ボンノ」こと菅谷政雄率いる菅谷組に参入し、賭博や金融、不動産業で財を成した日本一の金持ちやくざとしても知られる。部落解放同盟（解同）の小西邦彦や中野会・中野太郎会長とも生島組長は関係があり、四代目射殺の現場となった大阪・江坂《えさか》のマンションの仲介役としても名前が取り沙汰される闇のキーマンでもある。

その生島組長を許永中が古川初代に紹介していたというのは初耳だった。

生島組が所属する菅谷組は一九七七年四月、本家直参昇格に意欲を示していた舎弟の川内組組長・川内弘を射殺（三国《みくに》事件）して絶縁の処分を受ける。

山口組を絶縁されたあとも菅谷組は独立組織として存続したが、当時、山口組若頭補佐だった正久親分の主導で一九八一年六月、田岡三代目の前に菅谷は手をつき、「自分はよう親孝行もせんで、悪うおました」と引退を報告したのである。このとき生島組長も足を洗った

◉中野会風紀委員の吉野和利(左)と私。吉野は京都駅前の再開発に絡んで許永中に追い込みをかけていた。宅見勝若頭射殺事件の指揮者でもあり、逃亡先の韓国で変死体となって発見された。

が、その後もやくざ相手にカネを貸すなど事業を続けていた。

古川組に紹介したのは古川初代が出所したあとのことだと思うが、生島組が加入していれば、古川組の未来は大きく変わっていただろう。

その後、生島組長は中野会と関係を深め、一九九六年八月、大阪・梅田《うめだ》の繁華街で山健組組員に射殺されている。やくざに貸したカネのトラブルが原因といわれているが、真相は不明である。

また、許永中は中野会をよく思っていなかったようだが、これには理由がある。京都駅前の再開発に絡み、許永中は中野会風紀委員だった吉野和利に追い込みをかけられていたのである。

ちなみに吉野は一九九七年八月に神戸で起きた「宅見勝若頭射殺事件」の指揮者であり、翌年七月、逃亡先の韓国で変死体となって発見されている。

この九通目の手紙が許永中と交わした最後の手紙となった。音信が途絶えてしばらくすると、許永中の娘婿である井ノ口泰幸が私のもとにやってきて、

「叔父貴、藤田会長が『刑務所に行くからもう手紙のやりとりはできへんけど、よろしい言うとってくれ』と言うとりましたで」

と伝言してくれたのだった。

その後、許永中は服役中の日本の刑務所から韓国に移送され、刑期を終えた現在は再び実業家となり、日韓の懸け橋になるような事業を展開中という。

五仁會でできることがあれば、およばずながら協力させていただく所存である。

第3章 竹中組の五兄弟と私

◉私が渡世でいろいろなことを学ばせてもらった恩人のひとりであり、「姫路の保安官」とも称された竹中正相談役（右）と私。3男・正久四代目以下、4男・英男、5男・正、6男・修、8男・武が任侠界をにぎわせた。

孤高の博徒・竹中英男

本章では竹中組を支えた兄弟たち、そのなかでも四男・英男、五男・正、六男・修という普段あまり語られることのない三人にスポットを当ててみたいと思う。

竹中家は八男五女という多子家庭で、三男の正久親分から八男の武組長まで、生まれてすぐ夭折《ようせつ》した七男を除く五人がやくざになっている。

巷間《こうかん》では正久親分と、兄の死後、竹中組を引き継いだ武組長ばかりに注目が集まるが、ほかの三人もいずれ劣らぬ個性派ぞろいで、とくに英男、正の二人はどちらが欠けてものちの竹中組はなかっただろうといわれるほどの傑物である。

一九三六年生まれの英男さんは正久親分の三つ下、五男の正相談役とは年子である。「バクチの神様」と呼ばれ、その名は竹中組が三代目山口組直参となる一九六一年よりはるか前、まだ愚連隊の時代からすでに全国に轟《とどろ》いていた。

「姫路に竹中あり」と竹中兄弟の存在を最初に世に知らしめたのも、じつは英男さんである。兄の正久親分は姫路では顔が売れていたものの、まだまだローカルの愚連隊のリーダーにすぎず、全国的には無名の存在だったのである。

にもかかわらず、後世にその名があまり残されていないのは二十七歳という若さで早世したためだろう。英男さんは結核のため一九六四年に亡くなっている。

英男さんは手本引《てほんびき》の希代の胴師《どうし》であった。手本引は一～六までの数字のなかから胴師が繰った一枚を当てるというバクチである。表情や目の動き、細かな動作ひとつから心のなかを探る究極の心理戦であり、英男さんは相手の癖を見抜き、人の心を読む天才だった。

その名が広まるきっかけとなったのが鶴政会・稲川角二（のちの稲川会総裁・稲川聖城）との邂逅《かいこう》である。

博才《ばくさい》に恵まれた英男さんは、子どものころから賭場に出入りしていた。そこで知り合った明石《あかし》の一本独鈷の博徒・矢嶋清に師事すると、全国の賭場を飛び回るようになる。ちなみに矢嶋はのちに三代目山口組直参となる二代目森川組・矢嶋長次の父である。

そして熱海《あたみ》の鶴政会の賭場で才能をいかんなく発揮する。弱冠二十歳になろうかという若者が錚々《そうそう》たる親分衆を前に胴を引き、微塵《みじん》もひるむことなく、堂々と渡り合ったのだ。その姿が稲川の目にとまる。

〈年は若いけどええ勝負する。君の胴に負けても惜しゅうない。とことん勝負してくれるか

らな〉

溝口敦《みぞぐちあつし》著『山口組四代目　荒らぶる獅子』（講談社《こうだんしゃ》＋α文庫）には、そう言って稲川が称賛するエピソードが綴られている。一九五五年ごろの話である。

これが評判となり、「姫路に竹中あり」と竹中の名が全国に知られる存在になった。この勝負以来、鶴政会の花賭博（襲名披露や引退跡目披露など祝いごとの際に開かれる賭博）には姫路でただひとり、英男さんは必ず招待され、ほかのバクチ場からも「ぜひウチで胴を引いてくれ」とひっぱりだこになるのである。

なぜ、こんなにも引く手あまただったのかというと、強い胴はテラが落ちるからである。賭場では胴師が胴を洗う（交代する）とき、アガって（勝って）いれば勝ち分の二割がテラ銭として納められるが、腐って（負けて）いればテラは落ちない。

したがって、胴が強ければ強いほど貸元《かしもと》（賭場の経営者）に莫大《ばくだい》な利益をもたらすわけで、とくに花賭博や総長賭博（何人もの貸元を束ねる大親分が主催する賭博）のような「オオガイ」（大きな金額が動く賭場）ではことさら強い胴師が求められるのである。それほど英男さんが強かったという証左でもある。

二十代という若さにもかかわらず、英男さんはバクチで財を成し、竹中兄弟では唯一、羽振りがよかった。舶来のスーツを着こなし、国産だが運転手つきの車に乗っていた。姫路・御着《ごちゃく》の竹中家の裏手に住居を新築し、ほかにも繁華街のど真ん中である塩町《しおまち》に料理旅館を購入している。旅館は「雪洲」と名づけられ、英男さんの常盆《じょうぼん》（常設の賭場）の拠点となった。

もちろん経済的な面で竹中組を支えたのはいうまでもない。これといったシノギを持たない創成期の竹中組がやってこられたのも英男さんの財力があったからなのである。

その才能を求めて多くのやくざ組織が勧誘に訪れたが、英男さんはバクチひと筋で、生涯、一本独鈷を貫いている。神戸の大島組から縁組の話が持ち上がったときも首を縦には振らず、そしてこのことがはからずも兄・正久親分を山口組入りに導くことになる。

このころ、「やくざとしての才能は自分より英男のほうがはるかに上」と正久親分も考えていたようで、この縁談がうまくいくようにと刑務所仲間だった明石宇野組の実子・宇野正三に相談している。

「竹中からもひとりくらい、ちゃんとした極道が出てもええと思う。英男がやくざになるなら、ワシも協力する」

仲介の労を請け負った宇野が兄の気持ちを英男さんに伝えたところ、「逆や。兄貴が侠になってくれるなら、ワシのほうが全面協力する」と自分の代わりに兄を推薦したのだった。

二人の気持ちを意気に感じた宇野は明石宇野組組長で田岡三代目の舎弟でもある父・加次に話し、正久親分を正式に山口組に推挙したのである。

また正久親分の山口組入りには地道行雄若頭の強力なバックアップもあった。愚連隊でありながらやくざ相手に一歩も引かない正久親分の噂はすでにこのとき、地道の耳にも入っていたのである。

この縁組には地元・姫路の湊組や渋谷組から反対の声が上がったが、正久親分の気質に惚《ほ》れ込んでいた地道は強引に押し通している。

その際に条件としたのが英男さんをはじめとする竹中兄弟の協力だった。

地道は英男さんと賭場で交友のあった矢嶋長次を竹中武組長のもとに送り込み、「あんたら兄弟（英男さんと武組長）が兄貴（正久親分）に協力したってくれるんか」と再度確認している。山口組としても英男さんという後ろ盾がどうしても欲しかったということだろう。

「スイチ」の勝負

元木下会理事長補佐で、のちに義竜会の相談役にも座った村上盛宏さんは生前の英男さんを知る数少ない証言者のひとりである。

「英男さんいうたら、それはもうバクチに長けとった人で、姫路では『神様』言われとった。自分が胴を腐らせたときなどは家に帰って鏡の前でどこが悪かったか納得するまで反省していた。それくらい魂を込めとった人や」

村上さんは一九六〇年に渡世入りしてこの方、ずっと姫路の不良社会を見続けてきた「姫路の生き字引」的存在である。

竹中組事務所の三階にあった賭場にも出入りし、正久親分やほかの兄弟たちともよくバクチをしている。博徒集団の竹中兄弟にあって、英男さんは見た目も性格も異質な存在だったそうだ。

「四代目はバクチも見たまんまや。あの性格やろ、熱くなったら『あいつ、いてもうたる』ってこんなや。そりゃ豪気な人やった。

それに比べて英男さんは全然違う。肺病持ちやったから少し猫背で、昔から体も細かった。物静かで、いつも『朝日』（という銘柄の煙草《たばこ》）をポンと横へ置いてな。口の端に煙草をくわえ、ゆったりした所作で胴を引きよる。

場が煮つまってくると四代目が横で『英男、行け。行けー』言うてな。邪魔くさなって

『兄貴、黙っとけ。われ』と、こない言いよったよ」

正久親分も「英男に言われたら何も言えん」と口をつぐむくらい英男さんの博才には一目も二目も置いていたのである。

木下会の村上さんが竹中組の賭場に出入りしていたと聞いて不思議に思う人もいるかもしれない。

山口組と対立関係にあった本多会傘下の木下会はいわば山口組のライバルである。のちに反山口組同盟として結成される「関西二十日会」（一九七〇年結成）にも木下会は所属している。とくに「姫路事件」（一九八〇年に起きた、二代目木下会・高山雅裕会長が竹中組・平尾光《ひろし》若頭補佐らによって射殺された事件）が起きて以降は親分のタマを殺《と》られた仇敵《きゅうてき》にあたるのだが、昔はお互いの幹部同士が定期的に交流会を開くなど仲がよかったのである。

姫路にはなぜかそういう土壌がある。播州《ばんしゅう》やくざの気質というか、「狭い地域でパイを取り合うこともないだろう」と同じ不良同士で仲がよく、ほかの地域では対立する組織も姫路では親しく交流していることがけっこうあったのだ。

英男さんも木下会の花賭博に招待され、よく胴を引いていた。木下会は相撲の勧進元でもあり、姫路で興行が行われるときは必ず前夜祭として花賭博が行われていた。

賭場には初代若乃花《わかのはな》ら当時の横綱も顔をそろえたという。そこでも英男さんは負け知らずで、連戦連勝だった。

名うての博徒が集う木下会の花賭博では数々の名勝負が演じられている。なかでも英男さんと現金屋の親分・三宅芳一との勝負はいまでも語り草になっている。

現金屋は岡山・児島《こじま》を拠点にするやくざである。児島は陸軍工廠《りくぐんこうしょう》として兵器のほか主に軍服など衣類の生産で栄えた町で、いまもデニムの産地として有名だ。

戦後、現金屋は軍の隠匿物資の横流しで成長し、その後も競艇場の利権を得るなどして巨万の富を築いた。一九六三年には児玉誉士夫《こだまよしお》の媒酌によって、田岡一雄三代目の盃を受けている。

ちなみに現金屋というユニークな名は、もともと三宅の妻の実家の商売である八百屋がルーツになっていて、いつもニコニコ現金払いをモットーにしていたことに由来する。

この歴史的な勝負の一部始終を村上さんは間近で見ていた。

「現金屋の親分は太いバクチをする人でな。スイチが好きで、一度に二十万円張ってくる。外れてもまた二十万円、スイチで張る。その次も、またその次もや。すごい勝負やった」

スイチとは胴の目を一点で予想する「一点張り」のことで、的中する確率が低い分、当たれば配当は四・六倍と高くなる。相手の目を読み切らねばなかなかできる張り方ではないが、現金屋の親分はこれを得意としていた。

しかも賭け金は二十万円で、当てられれば胴師は九十二万円をつけなければならない。一九六〇年の物価で、そば一杯が三十円、大卒の初任給が一万三千円、高嶺《たかね》の花だった白黒テレビが五万円（十四型）の時代である。これがいかに高額な勝負かがわかるだろう。

「英男さんを相手にな、現金屋の親分はスイチでずっと張り続けた。まあ五回に一回当たれば元になる。そんな計算もあったやろう。

ところが、いつか当たるやろ思うても一個も当たらんかった。英男さんはうまいことかわすで。結局、五回やって百万抜けて、『ほな上がりますわ』と二十万のテラが落ちたんや」

現金屋の親分も度量のある男で、「高山の御大（二代目木下会・高山雅裕会長）、放ってくんなはれ」と、その場で百万円を振り出して、すぐに再戦を挑んだ。張り方は同じくスイチである。

勝負の途上、こんなことがあった。

「現金屋の親分が『根《ね》（前回出た目と同じ目の意）』を狙い始めよったんや。『一』の目を狙《ねろ》うて、ずっと『一』ばかり出し続ける。そやけど英男さんの目木《めもく》（胴の出目の履歴を示す札）の『一』

が動けへんわけや」

二人の我慢比べが四、五回ほど続いた。しびれを切らして先に動いたのは現金屋の親分のほうだった。

「辛抱できんかったんやろな。目を『六』に変えた時分に英男さん、パッと『一』を出したわ。あれは見事やった。現金屋の親分も『当たらんもんじゃ』と感心しとった。英男さんはホンマに人の心を読む天才や」

現金屋の親分はさらにもう百万円を振り出し、都合三百万円を溶かした。その間、英男さんは一度も当てられることなくかわし切ったのだった。

竹中英男というこれほどの才能を持った博徒が歴史のなかに埋没してしまっているのは本当に残念でならない。もう少し長く生きていれば伝説の博徒として語り継がれたことだろう。

伝説の博徒といえば、「ボンノ」こと菅谷政雄の舎弟でもあった波谷組の波谷守之組長が頭に浮かぶ。

映画『最後の博徒』（一九八五年、東映）のモデルにもなった波谷組長は生涯、バクチしかシノギを持たず、全財産をやりとりするような億単位の大きなバクチを何度も踏んでいることで知られる。

張り方専門で、「いま、なんぼあるんや?」と胴前の額だけ張り、一発で胴師を真っ白にしてしまうのである。

波谷組長は正久親分とも交流があったので、もしかしたら英男さんとも面識があったかもしれない。二人が対決したらどちらが勝つのだろうか。そんなことを考えていると、

「何度もやってると思うで。花賭博には二人とも必ず招待されとったしな。そやけど、英男さんが関東で負けたいう話は聞いたことがない。熱海でも伊東《いとう》温泉でも修善寺《しゅぜんじ》でも、必ず勝って帰りよったんや」（村上さん）

たしかに英男さんはバクチで常勝街道を驀進《ばくしん》していたのだから、波谷組長に勝っていてもおかしくはない。

勝負の行方は想像の域を出ないが、少なくとも「最後の博徒」と五分に渡り合える器量を持ち合わせていただろうと私は思っている。

『博徒の花嫁』のモデル

姫路・塩町の料理旅館「雪洲」で盆が開かれるようになったのは一九六三年のことである。

すでに英男さんは結核がかなり進行し、二階で横になっていることが多く、賭場にはほとんど姿を見せることはなかったそうだ。

それでも盆の状況を若衆が逐一報告し、客に誰が来て、胴はどの綱《つな》（胴の引いた札または繰札の並び順）引いて腐ったんかと、つねにバクチのことばかり考えていたという。

翌一九六四年、英男さんは「雪洲」の二階で静かに息を引きとった。

現在、旅館「雪洲」は取り壊され、跡地には大きな貸しビルが建っている。その一階に茶房「白鳩《しろばと》」という深夜しか営業しない変わった喫茶店があり、ここの紀美子ママこそ英男さんの姐さんだった人である。

二人が出会ったのは一九六一年、英男さんが二十四歳のときである。紀美子さんは十八歳で、将来は歌手を目指す高校生だった。ずっと歌を習っていて、少年刑務所に慰問に行くなどしていたそうだ。

そこに高校の友人だったバーテンから「ステージを観に行かへんか?」とキャバレーの見学に誘われる。紀美子さんは大人の世界をのぞいてみたいという好奇心もあって、ステージ用のドレスを着て姫路の本格キャバレー「クイーン」に出かけた。

そのとき、偶然、近くのテーブルで飲んでいたのが英男さんだった。

ひと目惚《めぼ》れだった。英男さんはドレスを着た彼女をホステスと勘違いし、すぐに指名したそうだ。

「『私、客なんです』と断ったけど、その後も『住所と電話番号教えてくださいと言うてます』と女の子をよこしてきたのね」

連れのバーテンが「あかん、あれはやくざや。あんなのに引っかかったら大変や」と忠告し、急いで店を出たという。

しばらくは会うこともなかったが、高校を卒業後、紀美子さんがナイトクラブの歌手としてデビューすると、再び運命の歯車が動き出す。どこで聞きつけたのか、英男さんは店に通い始め、テーブルに彼女を呼ぶようになったのである。

その後は何度断っても強引に食事に誘われたり、自宅に連れていかれたりして、朝まで浪曲師の広沢虎造《ひろさわとらぞう》のレコードを聞かされたこともあったという。最後は押し切られるまま結婚を承諾したのであった。

結婚が決まると「すぐに兄貴に会わす」と言われ、紀美子さんは正久親分に会っている。

「御幸通《みゆきどおり》の喫茶『ブルボン』でお兄さんとお茶を飲みました。お互い何もしゃべらへんし、ただ黙って座ってるだけやったから、『人形みたいな子やな』と言われましたよ」

話を聞いて親分らしいなあと思った。女性に対して正久親分は少々照れ屋な面があった。所帯を持ったあとも、英男さんは胴を引くので忙しく、あちこちと全国を飛び回っていたそうだ。結婚してしばらくは病気を気にすることもなく、熱海や神戸の有馬《ありま》温泉、四国の道後《どうご》温泉には同行して束の間の新婚旅行を楽しんだという。

しかし、二人の結婚生活は長くは続かず、わずか三年足らずで終止符が打たれたのだった。思うに、英男さんは昔ながらの博徒だったといえるのではないか。体ひとつで賭場から賭場を飛び回り、渡世を渡り歩いていく。

その生き方はまるで勝新太郎《かつしんたろう》演じる座頭《ざとう》の「市《いち》」さんである。昔はこのような渡世人が大勢いたのだ。現代社会で英男さんのような生き方をするやくざはおそらく皆無である。とはいえ英男さんの系譜がこれで消えてしまったわけではない。短い夫婦生活のあいだに二人は秀樹君という息子を授かっている。彼は竹中家で生まれた唯一の男子であり、四代目もとくにかわいがっていたのだ。

また、英男さんの子分に賭場で合力《ごうりき》（胴の助手役）を務めていた上野武信がいた。上野は竹中組の組員で、これも本物のバクチ打ちだった。もう亡くなってしまったが、上野の舎弟の中村勝幸若頭補佐は四代目が襲名直後に家宅捜索を受けて警察に怒鳴っている、あの有名な映像で隣に映っている男である。

さらに、この中村勝幸の舎弟である中村一彦は山一抗争で安東美樹（現二代目竹中組組長）とともに山広邸をロケット弾で襲撃した三人のメンバーのうちのひとりでもある。細々《ほそぼそ》ではあるけれども竹中組のなかにも英男さんの系譜は続いていたのである。

「すごい人やったと思うわ。頭のいい人でね、いつもバクチのことを考えてたわ」

コーヒーを淹《い》れながら、紀美子さんは昔を懐かしむ。「白鳩」はいまも英男さんを感じられる場所なのである。

余談だが、紀美子さんは小説『竹中組外伝　余命三年　博徒の花嫁　竹中英男という男』のモデルにもなっている。

竹中英男という博徒の姿を妻の目線から描いた物語で、二〇一〇年から極道専門誌『実話時報』誌上にて連載がスタートした。しかし、翌二〇一一年三月十一日に起きた東日本大震災の混乱で連載は中断。その後、雑誌自体が二〇一五年に休刊となり、小説は未完のままとなっている。

ぜひ、続きを読みたいものである。

竹中英男、竹中正と野球賭博

全国の名だたる親分に「バクチの神様」といわしめた竹中英男であるが、野球賭博を竹中組のシノギとして確立したのもまた英男さんだという説がある。これまで私が耳にした証言からも、この線はかなり有力だと思う。

やくざのシノギとして野球賭博が定着したのは昭和三十年代の後半のころである。昭和三十年代といえば、一九五九年に伝統の巨人《きょじん》対阪神《はんしん》（当時は大阪タイガース）戦が天覧試合として開催され、折しも野球人気が頂点に達し、王貞治《おうさだはる》、長嶋茂雄《ながしましげお》の活躍に人々が熱狂していた時代である。

野球賭博では、たんに勝敗を予想するのではなく、試合ごとにハンデが課せられる。たとえば巨人が一点差で勝った場合、「巨人から一点」のハンデであれば引き分けになり、「一・五点」なら五分の負けである。ほかに「一点差丸負け、二点差以上で丸勝ち」を示す「一半（一・五点の意ではない）」という特殊なハンデもある。

点差が予想の重要なファクターになったことでギャンブル性に拍車がかかり、全国のバクチ打ちのあいだに急速に広まっていったのだった。

竹中組が野球賭博を始めたのは一九六四年の東京オリンピックの少し前くらいだといわれ、播州地区ではいち早く参入している。その後、関西地区のみならず、全国から通し(注文)を受ける大胴元となり、「野球の竹中」と呼ばれるまでに成長した。

これをもって「野球賭博の発祥は竹中組」といわれることがある。これまで出版された書物には四代目の姐さんの中山きよみや竹中正相談役が「ハンデ師としてハンデを切ってい た」と記しているものも見かけるが、事実ではないだろう。

私は正相談役がハンデを切っている姿を見たことがないし、きよみ姐さんは博才はあったが受ける側ではなく、たんなる大口の客である。

そもそも野球賭博の起源についてはよくわかっておらず、賭博史を調べると、いまと形式は違うものの、野球賭博自体は戦前の六大学野球や職業野球でも行われていたようだ。

昔はいろいろな賭け方があったようで、映画『仁義なき戦い 頂上作戦』(東映、一九七四年)にも球場内で打者の打席ごとに結果を予想してバクチをしているシーンが登場する。

このほかにも大阪の酒梅組や松田組、西成《にしなり》の互久楽会を起源とするなどさまざまな説がある。私が竹中組の古参の組員に聞いたところでも「ハンデは大阪から出ていた」というから、どうやら大阪が起源であるのは間違いないと思う。

なのに、いまでも「発祥は竹中組」といわれる所以《ゆえん》は野球賭博を巨大なビッグビジネスに仕立て上げたのが竹中組だったからであろう。

私はバクチの天才だった英男さんが野球賭博というものを儲《もう》かるシノギに整備し、それにもうひとり、正相談役が加わって、二人で大きくしていったのではないかと想像している。

正相談役については、のちほどじっくり書くが、交友関係が広いことで有名で、交渉能力に優れ、一部で「山口組のマッシンジャー」と称されるほどだった。

当然、プロ野球界にも太いパイプを持ち、選手や関係者を何人も抱き込んでいた。球団関係者に電話をし、「今日の先発、誰や?」と聞くことなど朝飯前である。

この情報は大変貴重なものだった。当時は先発ピッチャーを前日に発表する「予告先発」という制度はなく、エースがいつ投げるか、また主力選手のケガの情報などを事前にキャッチすることはカネに直結するインテリジェンスだったのである。

近年もプロ野球選手と暴力団の黒い交際がちょくちょくニュースになるが、正相談役はそのパイオニアといえる。

とくに球界を代表するエース級の選手とも親しく交際していたため、早くから八百長《やおちょう》の嫌疑もかけられていた。

牧村康正《まきむらやすまさ》著『「ごじゃ」の一分《いちぶん》』（講談社）には武組長の証言として次のような記述がある。

〈（八百長試合は）六回か七回したやろ。みな外れてもうた。他のもん（知らない人間が紹介した投手）やったら殺しかねなかったけどやな、姫路の相談役（正）が持って来た話やから（辛抱した）〉

正相談役が数回にわたって仕組んだ八百長試合がすべて失敗したと示唆するものであるが、ありうる話だと思う。

野球ではないものの、私は直に正相談役から、競馬で八百長レースを仕組んだと聞かされたことがある。

一九八〇年ごろのことだったと思うが、園田《そのだ》競馬のある騎手が中西一雄率いる三代目山口組内中西組の組員の女に手を出してしまい困っていると正相談役に泣きついてきた。相談を受けた私は懲役で一緒だった中西組若頭補佐の立石健造に話をつけ、事態を穏便に収めたのだが、その土産代わりに「八百長レースを一発組ませたから」と八百長競馬を仕組んだのである。

正相談役が言うには、競馬の八百長というのは本命が来ないようにすることはできても、何が一着に来るかまではわからないそうだ。

「せやからな、この馬とこの馬はいかさんようにしたから」

競馬新聞片手にこっそり耳打ちしてくれたものの、競馬素人の私にはさっぱりわからない。こちらとしては買い目まで世話してくれないとどうにもならない。

もちろん私の馬券は外れた。このとき正相談役が大穴を当てたという記憶もないので、どうやら野球も競馬も八百長は思いどおりにはいかないようである。

野球賭博については警察も一九六五年ごろから「竹中組で大規模な野球賭博が行われている」ことを把握していて、姫路警察署は同年十月に武組長を、また翌年二月には正久親分を、それぞれ賭博開帳図利《とり》の容疑で逮捕している。おそらくこれが日本で最初の野球賭博での逮捕であろう。

そして、この逮捕から三年後の一九六九年にプロ野球界を激震させる「黒い霧事件」が起こるのである。

プロ野球とやくざの黒い関係は野球賭博の始まりとともに密になっていくのである。

麻雀も真剣勝負

バクチの話が続いたので、この際、麻雀《マージャン》についても言及しておこう。

やくざは麻雀が好きである。とくに竹中組は「博徒の竹中組」といわれるだけあって、事務所の三階に麻雀卓が常備されており、年がら年中、さかんに行われていた。

メンバーは正久親分をはじめ、姐さんの中山きよみ、正相談役、武組長のほか、その場にいた若衆たちやほかの組の者が入ることもあった。

麻雀は真剣勝負そのもので、このときばかりは親も子も関係なく、正久親分からでも「ドーン！」「ドーン！」と威勢のいいかけ声とともに遠慮なくアガる。

「すんまへん。親分、それ、当たりです」と気を使って牌《パイ》を倒していたのは、私の渡世での最初の親分だった坂本義一会長くらいである。

「カネ取り合ってるのに、なんで『すんまへん』言うんやろう?」と私は坂本会長の行儀よさに感心したものである。

バクチの場では無礼講《ぶれいこう》とはいえ、あまりに調子に乗って叫ぶので、「コラ、少しは遠慮してアガらんかいっ」と不調の正久親分がむっとすることもしばしばだった。

ほかの組ではまずこうはいかないだろう。私は古川組で幹部たちが麻雀するのをソトウマ（麻雀を打っている者とは別の第三者が勝敗をめぐって賭けをすること）をしながら古川組舎弟の荻堂雅大に乗って見ていたことがあったが、古川初代から当たり牌が出てもアガらないのである。頭に来て、

「兄弟、なんでアガらへんのや。こっちも乗ってるんやで」

と文句を言うと、

「そんなもん、親分からアガられへんやんか」

と口を尖《とが》らすのだ。

アホらしくなって、それからは麻雀もソトウマをするのもやめている。

竹中組で行われていた麻雀は「アガリ」と呼ばれるものである。

簡単にルールを説明すると、まず麻雀牌百三十六牌のうち萬子《ワンズ》の二萬《リャンワン》〜八萬《パーワン》を抜き、ちょうど三人麻雀で使用する状態に牌をセットして四人で打つ。半荘《ハンチャン》のようなまどろっこしいものはなく、すべて一局精算である。チー、ポンをしても立直《リーチ》をかけることができ、フリテンもない。だから勝負も速いし、アガリ点も大きくなる。

点数は懸牌《けんぱい》（懸賞牌）で数える。各役ごとに懸牌数が設定されていて、七対子《チートイツ》は二十牌、清一色《チンイツ》は四十牌という具合である。

賽《さい》を振ったときの目も懸牌になる。たとえばシッピン（四と一）の目なら数字牌の「四」と「一」と、二つの合計である「五」が懸牌になり、グニ（五と二）であれば「五」と「二」と「七」が懸牌である。

さらに常時懸牌といって、「東《トン》」「南《ナン》」「西《シャー》」「北《ペー》」「白《ハク》」「發《ハツ》」「中《チュン》」の字牌はつねに懸牌だから、もう懸牌だらけである。

レートは高いときで懸牌一枚につき一万円であった。二十牌の七対子をアガれば二十万円、清一色なら四十万円である。ひと晩で数千万円が動いたこともあるというから相当な高レートだったといえるだろう。

こうした麻雀ではアガリに応じてテラ銭が切られ、事務所の運営費や部屋住みたちのこづかいにあてられていた。

竹中組ではツモったときのみテラを切る。たとえば五万円の手をアガった場合、振り込みなら収入は五万円のみだが、ツモると五万円オールとなり、その一部がテラになるのである。一日で五百万のテラが落ちることもザラであった。

このような組内で行われるバクチは博徒組織であればどこでも行われていた。ただし組によってバクチの種類に色がある。竹中組は麻雀だったが、中野会では麻雀はやらず、もっぱら「タブ」に興じていた。

「タブ」とはサイコロを三つ使ったバクチで、チンチロリンに似ているが、親しか賽を振らないのが特徴である。

真ん中にざるを置き、参加者はその周りに車座になって座る。親は三つの賽をざるのなかに振り出し、出た目の合計数字の下一桁が八、九なら親の勝ち。一、二であれば親の負けである。ほかにシゴロ（四五六）は無条件で親の勝ち、逆にヒフミ（一二三）は負けといった特殊ルールがいくつかある。

主に九州の炭鉱などでさかんだったバクチで、九州出身者の多い中野会らしいバクチといえる。「タブ」の盆が開かれる日は多数の中野会直参が駆けつけて、ひと晩中、「みなー」と威勢のいい声が飛んでいた。「みな」とは「タブ」で親が子全員と勝負するときに発声する決まり文句である。

中野会でも勝負ごとにテラ銭が切られていた。そのカネは事務局長の高口節生が管理し、部屋住みの若衆のために、たまにはいいものを食べさせたり、神戸・福原《ふくはら》のソープランドに連れていったりする資金に使われていたようである。

姫路の保安官・竹中正

竹中正相談役は私が渡世でいろいろなことを学ばせてもらった恩人のひとりである。直接盃をもらった親分ではないが、一年間、相談役の付きをしたこともあり、酒の席にもよくお供させてもらった。

私が竹中組の直参になった一九七九年ごろは、正相談役は岡山の親分・竹中武組長とともに「副組長」の地位にあり、竹中組のナンバー2という位置づけであった。相談役になったのは正久親分が四代目を襲名した一九八四年からである。

武組長とは性格から何からまるで正反対のタイプで、やくざのど真ん中を貫いた武組長に対し、正相談役はある意味、「やくざらしくないやくざ」といえる。

社交的でカタギとのつきあいも多かった正相談役は実業家と呼ぶのがふさわしいかもしれない。若衆をつけるのを好まず、当初は自分の組も持っていなかった。

竹中兄弟で唯一、運転免許を持っていて、愛車のクラウンでどこにでもひとりで勝手に出かけてしまう自由気ままなところがあった。

一九八〇年に「姫路事件」が起こり、木下会と一触即発の事態になったときも、ひとりで姫路の繁華街をうろうろしていたので、

「叔父貴、ひとりで歩いたらあきまへんがな」

と護衛も兼ねて、ケツについて歩いたのが私との関係の始まりである。

正相談役は兄弟からは「マーシ」、組の者からは「まーっさん」と呼ばれていた（以後、私も「まーっさん」と呼ばせていただく）。

まーっさんはとにかくカタギに人気があった。ユーモアのセンスが抜群で、相手を虜《とりこ》にする「人たらし」なのである。一度話してみればわかるが、そのへんの芸人などよりずっとおもしろいのだ。

「街の顔役」を絵に描いたような人で、頼みごとがあればなんでも聞いてしまう。男伊達《おとこだて》が黙っていないのだろう。

飲み屋のママから「店の経営がキツい」と相談されると、店の守《も》りをしている組員を呼び出し、「シノギはやめい」とみかじめ（用心棒代）の徴収をやめさせてしまうこともあった。

行く先々で「社長、社長」と持てはやされて頼みごとばかりされるので、「わしゃ竹中工

務店やないど」と、よく周囲を笑わせていたものである。

おかげで姫路の水商売業者のあいだでまーっさんは「保安官」の名で慕われて大人気であった。当時、やくざの聖地と謳《うた》われた姫路にも「やくざお断り」の看板を掲げる店が何軒かあったが、まーっさんだけはどこでもフリーパスで入れるのだ。

一方で、やくざには不評であった。大事なシノギをやめさせてしまうのだから当然だろう。「まーっさんが、十万円のところ、せめて三万円でもとってくれたらええんやが……。一銭もとらんと『やめとけ』言われたら、竹中組の者、みんな飯食えんようになってしまうで」

私の最初の親分で竹中組若頭だった坂本義一会長は危惧していたが、事実、そのとおりになってしまった。まーっさんにかぎらず、竹中兄弟は姫路でいっさいみかじめをとることはしていない。竹中組が姫路でシノギができないといわれたのには、このような背景がある。

男伊達とシノギの両立は難しい問題なのである。

盃を持たなかった「まーっさん」

「まーっさんと若（武組長）は同じ副組長やけど、どっちが偉いんやろか？」

竹中組の若い者のあいだで二人の序列が話題になったことがある。

「そら、兄貴やし、年の順から言うてもまーっさんやろがい」

大方、そのような結論に落ち着いたものの、組員たちも半信半疑といった様子であった。

実際、一九七八年から一九七九年にかけて正久親分が服役すると（一九六九年の本多会系小川会との抗争における凶器準備集合罪で最高裁が上告を棄却し、懲役二年の実刑が確定）、組長代行を務めたのはまーっさんであった。

だが、正久親分が四代目を襲名したとき、跡目をとったのは武組長である。これはまーっさんが若い者を持っていなかったためといわれている。武組長は一九六一年に岡山竹中組を設立し、当時すでに二十名以上の若衆を持っていた。

もとより竹中組では兄弟間の序列に曖昧なところがある。これには竹中兄弟が盃をしていないという独特の事情がある。

竹中組はもともと竹中兄弟をコアとする愚連隊が始まりで、突きつめれば竹中ファミリーが原型である。そのため山口組直参となったあとも兄弟の関係はそのままで、正久親分と兄弟たちは盃をしていなかったのである。

これは盃を重んじるやくざ社会ではかなりレアなケースである。兄弟でいえば五代目山口組で若頭補佐を務めた後藤組・後藤忠政組長の例があるが、実兄・守孝（後藤組藤友会会長、のちに後藤組最高顧問に就任）が後藤組入りする際にはやはり盃を交わしていない。

かといって、このことが盃を軽視しているといっているのではない。竹中組や後藤組は山口組のなかでも筋目や折り目を大切にする侠道精神がきわめて高い組であった。そんな後藤組長を私はいまでも敬慕している。

竹中兄弟のあいだで盃が交わされなかったのは、むしろ筋目を重んじるからともいえる。愚連隊時代から一本独鈷でやってきて、それをいまさらになって盃をするというのは「かたちに囚われているからだ」と兄弟たちは考えていたようだ。自分たちは何者にも縛られないという独立独歩の精神が竹中兄弟にはとても強かったのだ。

一九八四年に正久親分が四代目を襲名し、竹中組の後任として武組長を直参に上げる必要に迫られると、そこで盃がないのは「さすがに具合が悪い」ということになり、二人のあいだでようやく盃が交わされたのだった。

しかし、このときも「盃するなら竹中組になるときにしとったらええんや」「山口組なんか別にかめへん」と武組長はごじゃ（ムチャなこと）を言っている。

竹中組のときですらしていないのに、山口組の勝手な都合で盃は呑めないというのである。

◉五代目山口組で若頭補佐を務めた後藤組・後藤忠政組長(右)と私。後藤組は竹中組と並んで侠道精神がきわめて高く、私はいまでも敬慕している。

筋を重んじる武組長らしい言葉だと思う。

結局、武組長は竹中組の二代目とはならずに初代竹中組を引き継ぎ、兼任していた岡山竹中組組長を貝崎忠美に譲るという話があったことは事実だ。貝崎は一九七二年、姫路市内で竹中組幹部三人が次々と刺された「魚町《うおまち》事件」で警察に連行されている犯人を刺し殺すという武勲を立てた組員である。

なぜ二代目ではなく初代なのか。このへんの経緯を説明するのは難しいのだが、武組長としては自分自身が立ち上げのメンバーでもあった初代竹中組にこだわることで兄との盃の折り合いをつけたのだと思う。だが、岡山竹中組の二代目を譲り渡す前に正久親分は銃弾に斃《たお》れて亡くなってしまった。

武組長と正久親分とのあいだで盃事《さかずきごと》が行われたわけだが、まーっさんについてはその後も盃をしていない。まーっさんが自由奔放な生き方を好んだのは、こういうところにも由来しているのかもしれない。

「グローバルやくざ」の嚆矢

一九八一年から一九八六年にかけて、私は神戸刑務所に服役していた（服役の理由は「津山《つやま》事件」の報復と別件の殺人未遂であったが、このことについては次章でくわしく述べたい）。懲役を勤めた五年のあいだに外では目まぐるしい変化が起きていた。

一九八四年六月、山口組直系組長会で正久若頭の四代目襲名が発表されると、これを認めない山本広組長代行とその支持派は以後、組長会を欠席。山口組を離脱し、後日、一和会を旗揚げする。

対立は山口組が一和会に義絶状を送りつけたことで決定的となり、両者が正面から激突する「山一抗争」に発展した。

そして翌一九八五年一月二十六日、悲劇が起きる。一和会常任理事で悟道連合会会長の石川裕雄が指揮する襲撃部隊が大阪・江坂のマンションを訪れた正久親分、中山勝正若頭（豪友会会長）、山口組南組・南力組長を次々と射殺したのである。

直後から山口組による壮絶な報復が始まり、私の放免はそんな激流下でのことだった。

出所すると、出迎えに来ていた坂本会長から「明日から正相談役に付くよう、武組長から言われとる」と告げられた。

四代目の射殺後、抗争が激化するのを恐れた警察は予防措置として武組長を野球賭博の罪で岡山刑務所に収監していたのである。

しかし、武組長も急遽《きゅうきょ》、同じ日の夕方に出所することが決まり、放免祝いの席で私は親分の口から正式にまーっさんのガードに付くことを命じられたのだった。

それから一年、私はまーっさんと行動をともにしている。そのころはまーっさんも若衆を何人か持っていたが、どこに行くにもつねに私を帯同した。

出所の翌日からということに、はじめは戸惑ったが、いまではとても感謝している。そこで培われた人との縁が私の血肉となり、その後の人生で大切な財産になっているのだ。

一緒にいてまず驚いたのは、まーっさんの人脈の広さである。やくざの世界のみならず、実業界から政治家まで幅広い分野にパイプを持ち、どんな場所にも顔がきくのである。

派手好きなまーっさんは、とくに芸能界やスポーツ界の有名人と好んで会っていた。まだ現役として活躍中なので名前を出すのは控えるが、なかには映画女優やテレビでおなじみのタレントなども多くいたものである。

そのうちのひとり、大阪でレギュラー番組を持っていた芸人は「芸能界クビになったら、わいは竹中組の若衆になりますわ」と宣言するほど、しょっちゅう姫路に遊びに来ていた。プロ野球選手では一緒に食事をし、麻雀も打ったことがある元阪神の江夏豊《えなつゆたか》投手が印象に残っている。そのころの江夏はすでに現役を引退していて、当時はテレビやラジオで野球解説の仕事をしていた。

酒を一滴も飲まず、高級クラブに行ってもひとりだけコーヒーを注文する。その姿がかっこよくて、私も真似《まね》をしたものである。

一九九三年に江夏がシャブで捕まったときは、まーっさんはものすごく怒っていた。竹中兄弟はみんなシャブが嫌いである。しかし、昔、江夏のファンでもあった私は不憫《ふびん》に思い、収監されていた横浜《よこはま》拘置所にこっそり見舞金を届けたのだった。

また、まーっさんの人脈は国内にとどまらず、海外にもおよんでいた。香港《ホンコン》映画スターのジャッキー・チェンは「日本のお父さん」と呼んで来日したときは必ず会っていたし、香港でノアール作品に数多く出演し、みずから映画監督も務めるチャーリー・チャンともよく食事をしていた。

ほかにも韓国の「七星会《チルソンフェ》」、香港の「14K」、中国の「蛇頭《じゃとう》」「青幇《チンパン》」、台湾の「竹聯幇《ジュリエンパン》」

などアジア各国のマフィアと太いパイプを持ち、海外にも頻繁に足を運んでいる。

まーっさんの性格は外国人向きで、言葉がしゃべれなくても、酒を飲んですぐ仲よくなってしまうのである。それもただ酒を飲むだけでなく、マフィアを通じて各国の首脳を動かすこともできた。中国の国家主席である習近平《しゅうきんぺい》の弟を日本に招いたのもまーっさんだったといわれている。

かつてこんなことがあった。竹聯幇の会長が亡くなったとき、まーっさんも葬式に参列することになった。だが当時、台湾はやくざの入国を禁止していた。にもかかわらず、まーっさんはいとも簡単に台湾を往復し、焼香をすませてきたのだ。

ちょうど私の舎弟で台湾マフィアの大御所・黒松こと蔡永常と兄弟分の関係でもある濱中勝（元義竜会副会長）が台湾に入国できずに困っていたので、「どないしたら入れるんです？」と聞いてみた。

「そんなもん、誰にも言われへんがい」と決してからくりを教えてはくれなかったが、まーっさんは政治力も持っていたのである。

中国マフィアを筆頭にアジア、ロシア、アフリカなど、いまでこそ日本のやくざも海外マフィアと連携するようになっているが、一九八五年前後にアジアのマフィアと親しくつきあっているやくざなどほとんどいなかった。

その意味で、まーっさんはやくざのグローバル化の嚆矢《こうし》であり、もし四代目が生きていたら、おそらくアジアは竹中組のものになっていただろうと思う。

「山一抗争」の際、山口組が韓国に逃亡した伊原組組長の処分をまーっさんに頼んだのも、このアジアネットワークがあったからだ。

一九八四年十二月、大阪・尼崎で山口組系古川組と一和会系伊原組とのあいだで山一抗争の口火となる抗争が勃発した。

発端になったのは同年九月に起きた両組員のケンカだった。このとき古川組の組員が伊原組の組員に木刀でボコボコに殴られている。

それから約二カ月後の十二月、阪神尼崎駅近くの焼き鳥店で伊原組の舎弟頭が何者かに銃撃される。やったのは古川組傘下の組員だった。

その日の深夜、戦闘服姿の伊原組組員たちが古川組本部に四発の銃弾を撃ち込むという報復が行われ、両者は抗争状態に入った。

この抗争は「尼崎抗争」と呼ばれ、数次にわたって攻撃が続いている。古川組の報復を恐れた伊原組・伊原金一組長は韓国に身を隠すが、これを追いつめたのがまーっさんだった。

「伊原組を解散させてほしい」

山口組・中山勝正若頭の依頼を受けると、まーっさんは韓国に飛んだ。一九八五年一月、潜伏場所を突き止めると、まーっさんはアジトに乗り込み、伊原のこめかみに銃を突きつけている。

「一和会を抜けい」

このひと言で伊原は引退を表明し、尼崎警察署に解散届を送ったのだった。

じつは私が付いた一九八六年以降も、この件でまーっさんは何度か尼崎の伊原の自宅を訪れている。解散した伊原組の処遇について話し合い、若衆約三十名を竹中正組の組員として受け入れることにしたのだ。

この裏には、もし伊原が山口組に復帰した場合、引きとった組員は「伊原（組）に戻す」という密約があったと聞いている。伊原は山口組の直参ではなかったので、復帰の可能性もあったのだ。

伊原組を解散に追い込んだまーっさんの交渉力は山口組内外でも高く評価された。そこで誰ともなしに、まーっさんをアメリカの元国家安全保障問題担当大統領補佐官、ヘンリー・キッシンジャーにたとえ、「山口組のマッシンジャー」と呼ぶようになった。

キッシンジャーは冷戦下の一九七〇年代、アメリカのニクソン大統領を電撃的に訪中、訪ソさせるという二度の「ニクソン・ショック」を陰で演出し、ベトナム戦争を終結に向かわせた人物である。

まーっさんの交渉力は大国を動かす外交のプロ並みだったということだ。

マイケル・ジャクソンとの関係

少し話が前後するが、「ハワイ事件」についても書いておこう。

「ハワイ事件」とは一九八五年にハワイで武器を密輸しようとした正相談役と山口組舎弟の織田譲二（織田組組長）の二人がＤＥＡ（アメリカ連邦麻薬取締局）に逮捕された事件である。

この事件は「山一抗争」の最中ということもあり、日本でも関心が高く、連日、ワイドショーで取り上げられ、まーっさんの名を一躍、全国に知らしめる結果になった。

「山口組の竹中正と織田譲二、大量の麻薬取引と銃器密輸の嫌疑でハワイで逮捕」

マスコミで大々的な報道が始まったのは同年九月四日のことだった。

このとき私はまだ神戸刑務所に収監されていたが、塀のなかでもこのニュースで持ちきりだった。

「山口組の竹中正がハワイでＣＩＡ（アメリカ中央情報局）にパクられたらしい」

「銃百丁のほかにミサイルを買ったそうだ」

「山口組は戦争でもするつもりなんかい」

ところどころおかしな部分もあるが、あながちウソとはいえまい。事実、まーっさんはハワイのマフィア、ジョン・リー一家を相手に銃百丁とマシンガン五丁、ロケットランチャー三基のほかにロケット砲を米軍のオペレーターつきで購入し、山広邸を爆破する計画を立てていたのである。

ところが相手のマフィアもロケット砲もこの取引はすべて架空のものであった。交渉の窓口となっていたヒロ佐々木《ささき》という人物はＤＥＡの囮《おとり》捜査官であり、つまるところ、まーっさんは囮捜査に引っかかったのである。

囮とはいえ、捜査がちゃんとした手続きにもとづいたものであれば、まーっさんは有罪になっていたかもしれない。

だが、ハワイ在住の元プロレスラーであるヒロ佐々木はとても捜査官とは呼べない詐欺師まがいの男であった。

事件発覚後、『週刊文春《ぶんしゅん》』や『アサヒ芸能』などの週刊誌上に、過去に純金の取引で接待費を騙《だま》しとられた貴金属取引業者や、ハワイのファイトマネーを持ち逃げされたプロレスラーの話など「ヒロ佐々木に騙された」と証言する記事が何度も掲載されているように、おいしい話を餌に相手を引っかけるペテン師だったのである。

ヒロ佐々木は元極道でもあり、日本では信じられないかもしれないが、アメリカの囮捜査というのはこういう男を使うのが常套《じょうとう》なのだそうだ。

まーっさんに接近を図ったときも、ヒロ佐々木は最初にマイケル・ジャクソンの日本公演を持ちかけている。

一九八二年にリリースした「スリラー」が世界で最も売れたアルバムとなり、マイケル・ジャクソンの人気は絶頂であった。

日本の興行主が何度かマイケルの来日を試みたが実現には至らず、そこにまーっさんが飛びついたのだ。芸能界好きのまーっさんは世界一のスーパースターの来日に興味津々だったのである。

契約を進めるうち、まーっさんは保証金として五千万円、さらに追加の保証金と遅延を名目にした罰金として六千万円、合わせて一億一千万円を騙しとられている。

それと並行するように、ヒロ佐々木はシャブの取引や武器の購入といったおいしい話を次々と持ち出し、ハワイにおびき寄せる口実をつくっていったのだった。

一九八六年四月に行われた裁判では武器の密輸や覚せい剤の取引、殺人教唆など十九の罪で起訴された竹中正被告に対し、十二人の陪審員全員が「ノット・ギルティ（無罪）」を宣告している。これにより、まーっさんは晴れて自由の身となり、日本に無事、帰国することができたのだった。

マイケル・ジャクソンの公演から始まった「ハワイ事件」は、やくざ史上でも類を見ない滑稽な協奏曲としてその名を刻まれることになった。

宅見勝若頭暗殺計画

四年八カ月にわたって繰り広げられた「山一抗争」は一九八九年三月、一和会山本広会長が神戸・東灘《ひがしなだ》警察署に出頭し、自身の引退と会の解散を表明したことで、いちおうの決着を見た。

だが、武組長は納得しなかった。

翌月の四月の定例会で四代目山口組若頭で二代目山健組・渡辺芳則組長の五代目襲名が発表されると、これを最後に武組長は定例会に出席しなくなり、同年六月、山口組離脱を表明している。

山本広の命を殺《と》ることを第一義に考えていた武組長にしてみれば、「襲名の前にやることがあるやろがい」という気持ちだったと思う。

竹中組の離脱に対しては山口組内部にも岸本才三総本部長、近松組・近松博好組長をはじめ慰留を求める声も少なくなかったが、新たに就任した宅見勝若頭は強硬な態度を崩さず、山口組における竹中組の痕跡の排除まで始めている。

まず正久親分の月命日である二十七日に開かれていた定例会を田岡三代目時代に行われていた毎月五日に戻した。

これだけなら「元の慣習に戻した」と言い訳も立つが、さらに宅見若頭は武組長に司忍、倉本広文、前田和男の三名を使者として岡山の竹中組本部に送り、山口組本家に安置されていた四代目の仏壇と位牌《いはい》を引きとるように通達したのである。

いくら山口組を離脱したとはいえ、当代の仏壇を送り返すというのは尋常ではない。このとき、竹中兄弟のなかには「宅見憎し」の感情が澎湃《ほうはい》として起こっていた。

竹中兄弟と宅見若頭の確執は何もいまに始まったものではない。その淵源《えんげん》をたどれば四代目襲名時分にまで遡る。

「寝業師《ねわざし》」の異名を持つ宅見若頭は正久親分の四代目襲名が決まると、若頭補佐のポストを得るために周到な工作活動を始めていた。もちろん竹中兄弟にもアプローチしているが、それをことごとくはねつけられたのだ。

以来、両者は何かにつけて対立するようになり、その因縁が仏壇の返還というかたちにつながったのだろう。

とくに武組長は四代目射殺の現場になった愛人のマンションを漏らしたのも「宅見ではないか」と疑っていた。

当時、宅見若頭は一和会系北山組を絶縁になった者を拾ったことで一和会系の組織に狙われていた。その矛先をそらすために大阪・江坂のマンションの情報を漏洩《ろうえい》したのではないかと一部で噂になっていた。この江坂のマンションは宅見若頭の口利きで部落解放同盟飛鳥支部の小西邦彦が世話したものともいわれている。

じつは竹中組が山口組を離脱してまだ間もないころ、まーっさんは宅見若頭の暗殺をひそかに計画している。

国際派のまーっさんはアジアンマフィアのネットワークを駆使し、中国人のプロの殺し屋を二人雇ったのだ。

この情報を事前にキャッチした宅見若頭はものすごく警戒していたという。

極秘裏に二人が入国すると、まーっさんは下にも置かない歓待ぶりで、来る日に備えた。

そして宅見若頭が伊丹空港に到着するという情報をつかみ、ついに計画を実行する。ゲートから出てきたところを狙撃するため、二人を到着ロビーに送り込んだのである。

だが、ことはうまく運ばなかった。敵もさるもので、宅見若頭はこのオペレーションすらも事前に察知し、逆に待ち伏せしている二人を見つけ出してカネで買収してしまったのだ。

そのときのまーっさんのガックリきた姿が私には忘れられない。しょげ返って、見ているこっちが気の毒になるほどだった。

相手の情報網と資金力が一枚上手《うわて》だったということである。

「まーっさん」に土下座した私

竹中組が離脱してしばらくすると、私は中野会に移籍した。移籍の理由については拙著

『極道ぶっちゃけ話』（イースト・プレス）にくわしく記しているので、興味のある方はそちらをごらんいただきたい。

まーっさんとは竹中組を出てからもいい関係を続けていたが、一度だけ険悪になってしまったことがある。

私は山口組を出たまーっさんからいくつか姫路の飲み屋の守《も》りを任されていた。そのひとつだった韓国クラブ「ゴールデンソウル」にまーっさんが遊びに来たときのことだ。

「悟、遊ばしてもらうで」

すでに何軒か飲んできていてご機嫌な様子だった。

ところが少し目を離した隙にウチの者と揉めごとが起きてしまい、私が気づいたときにはまーっさんの周囲を若衆たちが取り囲んでいた。

いやな予感がした。

「どないしたんや？」

輪のなかに割って入ると、義竜会で私の舎弟である西村学が「コラ、頭下げんかいっ」と、すごんでいる最中だった。

私は思わず顔を手で覆った。まるで悪夢のような光景である。私の舎弟がこともあろうに、まーっさんに絡んでいるのである。

いったい何があったのか。西村に事情を聞くと、まーっさんが昔のように私を「悟」と呼び捨てにしたのがどうしても気に入らず、「親分に謝れ」と恫喝《どうかつ》していたという。

西村の名誉のために、ひとつ擁護しておくと、このような態度は姫路のやくざの典型でもある。

関東のような縄張りを持たない関西のやくざ、とくに山口組では大きな組が解散するたびに組員の合従連衡、離合集散が繰り返されるため、昔の関係に囚われず、その都度、力のある者に従う習性がある。

西村は兄貴分である私に忠誠を誓い、竹中組相談役であるまーっさんより私のほうが上であると双方についていた若衆に知らしめるために、まーっさんにケンカを売ったのである。

西村とはそういう男であった。

ましてや西村は竹中組では正久親分時代からの直参であり、まーっさんを知らないはずはない。

以前にもこのようなことがあった。私が引退した坂本会長と飲んでいると、大石組の若い者がやってきて「会長、こんばんは」と挨拶をした。

「おう」と坂本会長が返事をすると、その若衆は首を横に振りながらこう言ってのけたのだ。

「ワシ、あんたに挨拶しとんとちゃいまんねん。義竜の会長に挨拶してまんねん。昔の偉い人は関係おまへん。ワシら、いま偉い人がいちばんでんねん」

坂本会長にしてみれば屈辱だったと思う。しかし、これが姫路のやくざの本音なのである。

とはいえ、私をいちばんに思ってくれるのはありがたいが、このときばかりは、複雑な心境としか言いようがない。ほかの若衆も殺気立って、いまにも殴りかかろうかという勢いである。

その場を収めるため、私はまーっさんの前にひざまずき、頭《こうべ》を垂れた。

「えらいすんまへんでしたっ」

私が土下座をしたことで、若い者たちもようやく静かになったのだった。

「ええがな。今日のことはなかったことにしとく」

まーっさんは私の肩をやさしくポンと叩《たた》いてくれた。このとき、地べたに手をついていなかったら、まーっさんとの縁もこれまでとなっていただろう。

いまでは懐かしい思い出である。

「爆弾騒ぎ」と今生の別れ

ほかにも、まーっさんについては忘れられない記憶がいくつかある。

まだ枝の人間にすぎない坂本会の若頭だった私を竹中組の直参に推薦してくれたのもまーっさんだった。私のような若輩者が一人前としてやっていけるだろうかと逡巡《しゅんじゅん》していると、

「おまえやったら、兄貴の若い衆になったら、もっと若い衆を増やしてやっていけるやろ」

と心強い言葉をかけてくれた。

この言葉は私が渡世を渡っていくうえで大変励みになった。

また、一九八一年正月に起きた「爆弾騒ぎ」も忘れられない思い出である。

その日、いつものようにまーっさんが新聞をとりに行くと、玄関先に不審物が置かれているのを発見する。それをてっきり木下会の連中が爆弾を放り込みに来たと思い込み、「爆弾が置かれている」と警察に通報したのである。前年に起きた「姫路事件」の余韻がまだ冷めやらぬなかで、そう考えたのも当然だったと思う。

この情報は警察からすぐに竹中組にも知らされた。

「あいつら、親の仇にまーっさん狙いよったんか」

一報を聞いて竹中組の面々は色めき立った。

「ところで爆弾はもう爆発してもうたんかいな」

「いや、まだ家の前に置かれとる言うとるで。なんでも赤い色した容器に入った爆弾や言うとる」

「えっ、それ、ワシが今朝届けた灯油でんがな」

その年の冬はいっそう寒く、そろそろ灯油がなくなるころだと思い、私は一風変わったしゃれた赤い色をしたオイル缶に灯油を入れ、朝のうちにまーっさん宅に届けていたのである。

まさかそれが爆弾に間違われるとは……。

後日、私はまーっさんにこっぴどく叱《しか》られた。

「悟よ、こんなときにややこしいことすな」

「へえ。でも、『使ってください』と手紙も添えておきましたんやけど」

「置くんやったら、せめて玄関のなかに入れとかんかいっ」

このときばかりは恐縮しきりであった。

そんなまーっさんとの縁は、私がやくざを引退してからもずっと続いた。

二〇〇八年に武組長が亡くなると、まーっさんは組長代行として竹中組を預かっている。

そして二〇一四年三月、静かに息を引きとった。

後年、まーっさんが姫路赤十字病院に入院しているとき、お見舞いに行ったことがある。友人で作家の山平重樹《やまだいらしげき》氏を連れてサプライズで会いに行ったのだが、突然の訪問をまーっさんはものすごく怒った。「来るんやったら事前に連絡してこんかえ」と大声でがなりたてた。

やはりどんな状況でも人にはキッチリした身なりで会いたい、弱いところは見せたくないという意思表示だったと思う。

これがまーっさんとの今生の別れになったのだった。

誰も書かなかった六男・竹中修

竹中兄弟からもうひとり、六男の修さんについても書いておきたい。修さんについてはこれまで竹中組について出版されたどの書物を見てもまったくといっていいほど触れられていない。それにはいくつか理由がある。

まず修さんは竹中組の創成期のメンバーではない。竹中組は正久親分、英男さん、正相談役、武組長の竹中兄弟を中核とした愚連隊から始まっているが、修さんはこれに参加せず理髪店で働いていた。

正業についていたことも一段低く見られる要因になっている。やくざには変なプライドがあり、仕事に従事せず生活を送るのが渡世人で、商売人をバカにするところがあるのだ。また、やくざになってこれからというときに不運な死を遂げてしまったことも一因だろう。

それらの要因が合わさって歴史から消えた存在になっているが、修さんは竹中組の一員として四国進出の第一歩を記した人物であり、少年時代の私をいち早くやくざの道にスカウトするなど個人的な縁も深かったのである。

昭和四十年代の前半、中学を卒業した私は高校には進学せず、姫路の魚町にあったクラブ「美濃」という店でボーイのアルバイトをしていた。そこによく飲みに来ていたのが修さんだった。

パリッとしたいで立ちで遊び方もきれいで、「さすがやくざやなぁ」という印象だった。竹中兄弟のなかでも酒が好きで、おそらくそのころの姫路の繁華街でいちばんブイブイいわしていたのが修さんだったと思う。

修さんは「しずか」というホステスに入れ込んでいて、私によく言伝《ことづ》てを頼んだ。「店が終わったらお茶漬け屋『水車』に来い」と食事に誘うのである。私としても法外なチップをもらえるので、用事を言いつけられるのはうれしかった。

修さんは何人かいるボーイのなかで私を気に入ってくれた。そのうち私も一緒に食事に誘われ、やくざにスカウトされるようになった。

「兄ちゃんは将来決めた道はあるんか？」

「いえ、まだありません」

「それやったらウチに来たらどうや？　兄ちゃんはガタイもええし、いい面構えしとる」

「ありがとうございます。考えてみます」

「ゆっくり考えたらええ。いつでも待ってるから」

いま考えれば、ホステスを口説いている手前、ダシに使われただけかもしれない。あるいは私は生意気だったので、それが修さんの目にかなったのだろうか。

昔はキャバレーのボーイといえば「やくざの予備軍」のようなもので、若き日の宅見若頭が若衆をスカウトするために、みずからキャバレーのボーイとして働いていたという逸話もあるのだ。

いずれにせよ、誘われるほうの身としては悪い気はしない。当時、竹中組といえば、姫路でいちばんの昇り竜の勢いだったのである。

しかし、そのころはまだやくざになるなどと考えたこともなく、「好きな映画のなかでやくざごっこしとるほうがええわ」と役者になるために東京の東映撮影所に行く道を選んだのだった。

その後、修さんは竹中組の四国への足がかりとして松山《まつやま》に進出する。昭和三十年代から山口組は地道行雄若頭指揮のもと全国進攻作戦を展開しており、竹中組も武組長は岡山に、そして修さんは松山にと橋頭堡《きょうとうほ》を築いたのだった。

竹中組が四国の拠点として松山を選んだのは道後温泉という大きなシノギがあることと、同じ愛媛県の今治《いまばり》に矢嶋長次（のちの二代目森川組組長）がいたためといわれている。

矢嶋長次は明石の博徒・矢嶋清の実子で、賭場で英男さんと顔見知りであった。前述したように正久親分の山口組入りの際にも地道の指示を受けて矢嶋は奔走していた。また二人はともに田岡三代目のボディガードを務めていた経験から、とても仲がよかったのである。

晴れて竹中組の松山支部長に就任した修さんだったが、志半ばで斃れることになる。痴情のもつれから非業の死を遂げたのだった。

とはいえ修さんの四国進出は決してムダではなかった。のちに竹中組若頭補佐となる大沢国博が松山で竹中組の火を灯《とも》し続けることができたのは修さんが築いた地盤があったからだろう。

ちなみに大沢は竹中組が消滅するまで松山の地盤を守り、その後、矢嶋組に移籍している。「姫路事件」で二十年の懲役を勤めたかつての竹中組三羽烏《さんばがらす》のひとり、平尾光《ひろし》が山健組健竜会に移籍する際、あいだに入ったのも大沢である。

一九七二年、修さんの葬儀は姫路の光源寺《こうげんじ》で竹中組の本葬として執り行われた。このとき、私は修さんと無言の再会をしている。

役者を目指して東京に行った私だったが、いかんせん大部屋俳優では食べていけず、同年二月に坂本会長の盃を受けて竹中組内坂本会の一員となっていた。そして修さんの葬式で萩原公明若頭補佐が事務方の陣頭指揮をとり、小林昭らとともに私も受付を担当していたのである。

小林はNHKで二〇一七年四月十一日に放送された『アナザーストーリーズ　山口組対一和会～史上最大の抗争～』に出演した男として映像に残っている。

竹中組の本葬だけあって、葬式には播州地区のみならず、山口組本家からも名だたる親分衆が続々と来場していた。その場で、私はいただいた香典の領収書を書きながら、「やっぱり名のある親分いうたら、みんな顔面凶器みたいな顔しとるんやなぁ」と妙に感心したものである。

一流のやくざになるには自分もああいう面構えにならなければと思い、それ以来、鏡の前で眉毛を寄せてみたり、しきりにコワモテの練習をしたりしたものだ。

マンガのような話であるが、事実である。こうして修さんの葬儀は私の眉間に深いしわが刻まれる出発点になったのだった。

第4章 山口組と竹中組三羽烏

◉左端が私、2人目が大西康雄、4人目が坂本義一、右端が笹部静男。大西と笹部は平尾光とともに「竹中組三羽烏」と呼ばれ、猛者ぞろいの竹中組のなかにあって、とくに恐れられた。

竹中組の重戦車・笹部静男

私が渡世入りした昭和四十年代の竹中組は、いうなれば狼《おおかみ》たちが集う群れのようなものであった。

播州中の荒くれどもが集まり、そのなかでさらに強い者は誰かとシノギを削り合うのである。彼らに比べれば、私など狼の群れに迷い込んだ羊も同然である。

だが、そのような羊でさえ、いったん群れのなかに入れば狼に変わってしまう。竹中組とは、そんな狼を育てる養成所でもあった。

そのころ、組には平尾光《ひろし》、笹部静男、大西康雄という「竹中組の三羽烏」と恐れられた猛者《もさ》たちがいた。ここでは三人の侠たちについて書こう。

笹部静男は狼集団の竹中組のなかでも一、二を争う狂犬であった。竹中組の初期のメンバーである笹井啓三が連れてきた男で、のちに竹中正久親分の最後の若頭となり、竹中武組長の代では総本部長に就任している。

ポパイのような頑丈な体つきをしていて、三度の飯よりとにかくケンカが好き。目が合っただけでもケンカの種にされてしまうから、街の不良も笹部が通るときは下を向いて歩くほどだった。

一度、姫路競馬場で笹部が暴れる姿を見たことがあるが、三人の警察官が取り押さえるのを引きずって歩き、「むおぉぉー」と体を伸ばすと、みんなどこかに吹き飛んでしまった。まるで重戦車のような男であった。

笹部は若衆時代に初代若頭の坪田英和を殴るという武勇伝も持っている。

自分たちの若頭を殴るというのは、やくざとしてはあってはならないことであるが、坪田はみんなに嫌われていたので、このときはほかの組員も加勢してケチョンケチョンにしてしまった。

おかげで正久親分に「コラ、坪田を若頭にしたのはワシや。坪田を殴るいうことはワシを殴るのと一緒やど」と大目玉を食らうハメになってしまった。

イケイケの笹部は私ともウマが合った。とくに組の方針や竹中組のあり方などについて意見が一致する部分が多かった。

たとえば「山一抗争」終結後、離脱した竹中組と山口組のあいだで起きた「山竹抗争」で「一方的にやられるばかりでは辛抱できん」と真っ先に声を上げたのは笹部であった。

「山竹抗争」は当代を殺された竹中組があべこべに山口組に攻撃されるという悲劇としかいいようのない抗争であった。

山一抗争終結の仲裁に入った稲川会や会津小鉄の手前、執拗に一和会会長・山本広の命を狙い続ける竹中組を山口組は全力で抑える必要があったとされるが、裏に「竹中組排除」を目論む宅見勝若頭の思惑があったともいわれている。

「各組から何人か若い衆を出して、ワシに十人持たせてくれへんか。それやったら、ワシが戦闘部隊の指揮をとって、きっちりやったる」

一九八九年八月に開かれた緊急幹部会で笹部は息巻いた。この前月の三日に岡山市の竹中組事務所に銃弾が撃ち込まれ、翌四日には姫路で二代目牛尾組組員が病院帰りに足を撃たれるなど山口組による襲撃事件が相次いでいた。

「よし、そんならウチは三人出したる。指揮はワシがとるがな」

すかさず呼応したのが当時、若頭補佐の私である。

「ほうか。ほな、ワシは総指揮に回るわ」

体をかけてでも山口組と対抗しようという気迫を笹部は持っていたのだ。しかし、竹中組の士気は上がらず、戦闘部隊の話は立ち消えになってしまった。

じつはこの幹部会が開かれていた日、会場になっていた大西組事務所と笹部組事務所にも山口組から銃弾が撃ち込まれるという騒ぎが起きた。当番の組員から電話で報告を受けた笹部は「ただのガラス割りや。屁《へ》のツッパリにもならへんわ」と豪快に笑っていたのを覚えている。銃撃を受けた一方の大西康雄若頭は豪気に魚町に飲みに出てしまった。

その後も山口組による竹中組への猛攻は続いたが、武組長は報復をいっさい行っていない。これには兄・正久親分が当代を務めた山口組に「弓は引けない」という強い意志があったとされる。

だが、私をはじめ組員のなかには「『竹菱《たけびし》』（山口組を離脱後に竹中組が使用した「菱」に「竹」の字をあしらった代紋）では『菱《ひし》』に対抗できないのか」と悔しい思いをしていた者も少なくなかった。

この幹部会があった八月二十三日を最後に笹部や大西、そして私も竹中組を去る決断をしている。

イケイケな半面、笹部は信義に厚い男でもある。

古川組に在籍しているとき、私は大石組の組員にバットで殴られて生死をさまよったことが二回ある。一度目は私のかわいい若い者が騙し討ちに遭い、コテンパンにやられたことで、その報復に日本刀を持って大石組系牧組事務所に殴り込みに行ったところ、待ち構えていた組員に後ろから襲撃されたのである。

二回目はケンカの張本人である相手方の大石組幹部・東陽一郎を私が殴り、追いかけていったところを東の若い者にバットでフルスイングされたのだ。

私は姫路赤十字病院に担ぎ込まれた。集中治療室から奇跡的に生還すると、すでに古川組と大石組のあいだで話がついていた。

しかし、そんな「やられっぱなし」の話し合いには到底納得できず、私は退院してすぐに笹部に思いを伝えた。このころは笹部も竹中組を離れ、西脇組の舎弟になっていた。

「ワシもやられっぱなしで辛抱できん。そない竹垣が言ってると西脇のオッサンに伝えてくれ」

そう言うと、笹部は快く引き受け、しばらくして西脇組組長で阪神ブロック長である西脇和美の返事を持ってきてくれた。

「会長（私のことである）、言うたで。西脇は『そんなら古川（雅章）さんも、なんで竹垣が入院してるから退院するまで待ってくれと言わなんだやろ。いまさらそんなこと言うと、当時の執行部がみんなヘタ打つがな』という答えやった」

西脇の言にも一理あると思い、私は「悪かったなあ」と礼を言い、話を引いた。

このような無理な頼みごとができたのも、笹部と私とのあいだに信頼関係があったからだ。笹部が竹中組で若頭を務めていたころの話であるが、組のことでカネが必要になり、武組長にカネを借りたことがあった。その追い込みを「姫路事件」で二十年服役して帰ってきたばかりの高山一夫にさせ、西脇組事務所までわざわざとりに行かせたと聞いたので、私は武組長に諫言《かんげん》したことがある。

「貸したカネをとりに行かせたら、その時点で親分子分の縁は切れまっせ。そんなこと、親分ほどの人がしたらあきまへんがな」

そのことを笹部はずっと恩義に感じ、私のために骨を折ってくれたのだ。義を見てせざるは勇無きなり。笹部も正久親分の薫陶を受けたひとりなのである。

チャカの行方

私が竹中組の直参になった翌年の一九八〇年一月十日、「津山事件」が起きた。この報復に動いたことで、私は五年の懲役を勤めることになるのだが（量刑には忠成会の組員を半殺しにした殺人未遂事件も含まれるが仔細《しさい》についてはさておく）、そのとき使った道具《チャカ》の処分をめぐり、笹部とひと悶着《もんちゃく》起きてしまった。

津山事件とは竹中組直参だった小椋義政が木下会系平岡組組員二名に射殺された事件で、のちの「姫路事件」の原因にもなった事件である。

トラブルの発端になったのは愛人問題で、小椋が短期の懲役に行っているあいだに平岡組の組員が小椋の女に手を出したのである。

この件で激昂した小椋は平岡組組員を恐喝し始めた。相手がいくら謝罪しても小椋は受け入れず、逆ギレした組員によって射殺されたのだった。

女を寝取ったうえに逆ギレするという理由もひどいが、直参が殺られて黙っている竹中組ではない。

「今日起きたことは今日中に報復をせなあかん。せやから、どこでもいいから殺《や》れ」

当時、若頭補佐だった大西康雄の言葉もあり、私は事件の起きた夜、竹中組内平尾組・舎弟の高山一夫ら四人で姫路・白鷺町《はくろちょう》にあった木下会・高山雅裕会長の愛人宅に向かった。

このとき道具を用意したのが笹部組副組長の小島誠二である。

「兄貴がこれで行ってこい言うんや」

「よっしゃわかった。ほな、わしが行ったる」

私は小島の差し出したスミス&ウェッソン三十八口径を手にとり、愛人宅の呼び鈴を押し続けた。ドアスコープをのぞくと、わずかに人の気配がしたので、ドア目がけて拳銃を乱射した。

それを合図にほかの者もいっせいに引き金を引いた。のちに聞いた話ではドアには全部で十数発の弾痕が残されていたそうである。しかし、ドアには防弾加工が施されていたようで、銃弾はすべて跳ね返されてしまった。

弾を撃ち尽くすと、襲撃班はただちにその場を立ち去った。大西に報告を入れると「道具を始末して、とにかく東に走れ」と言うので、着ている服をすべて着替え、入念に手を洗い、車で大阪に向かった。

手洗いや着替えをしたのは検問で硝煙反応が出るのを防ぐためである。その途上で姫路市街の西を流れる夢前川《ゆめさきがわ》に道具を投げ捨てた。

ところが後日、これが問題になってしまう。道具の持ち主である笹部が「拾ってこい」とムチャを言い出したのである。

「ホンマにほかしたんやったら、とってこんかい」

事件のあった昭和五十年代、道具はいまのように誰でも簡単に手に入る代物ではなく、また貴重品であった。笹部の言い分もわかるが、証拠を残せば体を持っていかれることにもなる。そこは私も譲れない。

「そやかて、寒くて川なんか入れまへんがな」

「そんなもん、潜水服でもなんでも用意せんかい」

「潜水服なんてどこにあるんや。それやったら自分で行けや」

笹部は先輩であり普段は私も立てていたが、必要とあれば上に対してもはっきりものを言う。それは私の哲学でもある。

結局、竹中組古参の舎弟・安田三郎があいだに入って話を収めることになった。

「悟よ。おまえ、笹部の道具ほかしてもうたんかい」

「へえ」

「笹部が拾ってこい言うてるで」

「そうは言うても、叔父貴、ほかさんことには証拠も残るし、ワシも体かかってますやんか」

「まあ、それも道理やな。ほな、ワシがその道具を笹部に弁償したるわ」

と言ってくれた。

こうして始末した道具の代償をつけることで私との決着がついたが、かわいそうなのは小島である。

私が道具をほかしたことで、小島も別の意味で笹部に追い込まれてしまったのである。

「おまえ、副長しといてなんやねん。おまえが行かんかいっ」

この報復は本来なら道具を預かった小島が的を弾きに動き、私は見届け役に回るはずだった。襲撃メンバーで竹中組の直参は私ひとりだったからである。

それを私が先に道具を持って走ったため、小島はそばで見ているしかなくなり、結果として男を下げるかたちになってしまったのである。

じつはことが終わったとき、小島は「道具をこっちにくれ。兄貴に怒られるから」と私に言っていた。それを無視して、

「大西も『処分しろ』と言うてるし、そんなん渡せるかいな」

と私は道具をほかしてしまったのだ。小島にはいまも申し訳ない気持ちでいっぱいである。

その責任をとってか、小島は笹部の指令で別の戦闘に参加している。竹中正相談役の望月某という若衆が静岡で小西一家と揉め、その報復に小西一家本部の二階に上がり込んで猟銃

をぶっ放したのだ。この件で小島は殺人未遂となり懲役八年を勤めている。

出所後、小島は正相談役からベンツを一台、祝儀としてもらったそうである。

野球賭博の大胴元・大西康雄

大西康雄は「津山事件」の報復ではともに組み、のちに命を殺《と》り合うケンカをするなど私とは何かと因縁の深かった男である。

三羽烏では唯一、山口組直参に上がった出世頭でもある。竹中組若頭補佐から武組長の初代若頭となり、竹中組が山口組を離脱すると後藤忠政組長率いる後藤組に移籍して副組長に就任。そして一九九二年、渡辺芳則五代目から盃を受けた。

兵庫県加西《かさい》市出身の大西は十八歳のとき竹中組の門を叩いた。同郷の加茂田組内小野会会長・小野敏文の紹介であった。

小野は一時、加茂田組を破門されていて、竹中組の預かりとなっていたことがある。刑務所で四代目とも交流があり、その縁で大西を紹介したのだが、「山一抗争」では大西組の若い者に小野は射殺されている。やくざの世界は非情とはいえ、こういう事実に直面すると運命とははかないものだとつくづく思う。

若いころ、大西は部屋住みをしており、バクチの番をしていた。三年間、草履《ぞうり》をそろえたり吸い殻を清掃したりするなどして竹中組の賭場を手伝ってきた苦労人でもあった。

そのせいか、大西は自分の若い者に、事務所の掃除や日ごろの生活態度を厳しく指導していた。

映画『山口組三代目』（一九七三年、東映）に二代目山口登の家で部屋住みを始めた田岡一雄少年が朝早くから親分の草履をそろえ、廊下を雑巾がけするシーンが出てくるが、あれを想像してもらうといい。

昔の博徒は相手に瑕《きず》を見せないように日常生活に気を配り、日ごろの行いにも注意を払う者が多かった。大西もそんなひとりだったのかもしれない。

とはいえ部屋住み時代は大西もよく四代目に叱られていたそうだ。その理由を四代目に聞くと、「あいつは脱走の名人なんや」と教えてくれた。

たとえ部屋住みでも、隙あらば親分の目を盗み、二階の部屋や便所の窓から抜け出して、こっそり遊びに行ってしまうのだそうだ。

「おまえ、抜け出すんやったら言うて出んかい」と四代目が何度注意しても改まらない。懲りない男なのである。

大西率いる大西組は当時、総勢二十人ほどの精鋭部隊であったが、野球賭博の大胴元として、その名は西日本一帯に轟いていた。近畿だけでなく四国や九州にも大口の顧客を持っており、「野球の竹中」といわれた竹中組のなかでも最大規模を誇る。

もとは四代目についていた客を親分が懲役で社会不在になった折に大西が引き受け、そこから大きくなった。

大西自身、博才は相当なものがあったようで、そのへんの事情は当時、大西組若頭だった宮前篤がくわしい。宮前は「山一抗争」で懲役十八年を勤めた功労者で、出所後わずか三カ月でカタギとなっており、私が主宰するＮＰＯ法人「五仁會」の理事長でもある。

「毎日、夕方になると、ブウヤと呼ばれる中継から数字が上がってきて、それを集計して大西の親分に『今日はこれだけです』と渡すわけです。大西はそれをじーっと見ている。いろんなこと考えて見てたんだと思いますわ。

野球賭博というのは、たとえば巨人・阪神戦で巨人に一千万円、阪神に一千万円、客が張ってきますわね。するとガッチャンして一〇％の百万円のテラが落ちる。

せやけどピッチャーやハンデによっては巨人に一千万円多く張りが集中することもある。

それも大西は受けるわけです。ウチは大元だから自分の考えていた目と逆であってもほかに流すことはできません。巨人が勝てば九百万円つけなければあきまへん。すごい精神力やったと思います。それが毎日続くんですから。普通の人間ならとっくにまいってしまいます」

賭博で財を成した大西は二十九歳でホテルのような家を新築し、三階はバクチ専用の大広間になっていた。この大広間は四代目が開く賭博の会場としても使われ、一九八〇年には大きな花賭博も開かれている。

四代目は山口組本家に行くとき、いつもリンカーン・コンチネンタルに乗車していたが、これも大西の車であった。

大西の器量は誰もが認めるところで、当時、山健組若頭だった渡辺五代目をライバル視していた。竹中組と山健組でともに若頭だったプライドがあったのだろう。

渡辺五代目がダイヤのネクタイピンをつけているのがわかると、ひと回り大きいダイヤのネクタイピンをわざわざニューヨークから取り寄せるようなこともあった。

その後、四代目が射殺されると、大西組は「山一抗争」の最前線に立たされるのだが、それについては次章に譲ることにしたい。

クラブ「アロー」でのケンカ

私の酒癖の悪さは天下一品で、酒の席では上の者とケンカになることもままあった。もちろん「長幼の序」をわきまえてはいるが、酒で前後不覚になってしまうのは不徳の致すところである。

それでなくとも、やくざのケンカは飲み屋で始まることが多い。酒の勢いも手伝って、ちょっとした諍《いさか》いが命の殺《と》り合いに発展することも少なくない。大西とのケンカはまさにそんなかたちになってしまった。

私が古川組に籍を置いていたころのことである。姫路・魚町のクラブ「アロー」という店にひとりで飲みに行くと、先に飲んでいた大西と鉢合わせになった。

すでに大西は山口組直参になって羽振りもよく、またその日は大西組の「事始め」の前日ということもあって大勢の若衆を引き連れていた。

「おう、悟やないかい」

薄明かりのなかに私の姿を見つけると、大西はこれ見よがしに大声で叫んだ。

その態度にムカッと来た。

私が中野会だった時分には「会長」と呼んでいたのに、わざと名前を呼び捨てにして若衆の前で格好をつけたのである。

すでに酒も入っていたこともあり、私はケンカ腰で噛みついた。

「こらぁ、大西ィ、おまえ、ナメとったらいわしてまうどっ」

相手がプラチナ（山口組直参。代紋バッジの材質から）だろうが、多勢に無勢だろうが関係ない。売られたケンカは買って出る。それぐらいの度胸は私も据わっている。

「なんやと」

私の買い言葉に大西組の若い者が色めき立った。店内は早くも一触即発の状態である。

「コラ、おとなしく座っとかんかい」

大西組で相談役をしていた前田寿一が血気にはやる若い者を抑えようとあいだに入った。

前田は大西の嫁の実兄で私の兄弟分でもある。

それでも地方の支部から来ていた若い者のなかには私を知らないチンピラもいる。前田を振り切って何人かがつっかかってきた。

このままではまずいと思ったのだろう。店の従業員が知らせに飛び、急を聞いて義竜会本部から駆けつけた私の若衆である岡田健次が後ろから抱きつき、動きを制止した。

「親分、やめとくんなはれ」

「こらぁ、大西っ」

「アカン、もう出まひょ」

なおも突進しようとする私を、岡田は力ずくで出口のほうに引きずり始めた。岡田は国士《こくし》舘《かん》大学柔道部出身で柔道四段の猛者である。

「離さんかい、ボケ」

と、そのときである。ちょうど羽交《はが》い絞《じ》めのような体勢になっていた私にチンピラのひとりが灰皿を振り上げて襲いかかってきた。

「うおおお」

灰皿の角が頭をかすめ、わずかに額が切れた。頬をひと筋の血が伝った。

「何さらすんじゃ、われ。いてもうたるっ」

顔を傷つけられて黙っていられる私ではない。さらに狂暴化した私は肘撃ちや足蹴りを食らわせ手を振りほどこうと大暴れしたが、岡田の怪力になすすべもなくエレベーターに放り込まれてしまった。

だが、事態はこれで終わらなかった。

私の意を酌んだ若い者・山本忍が後日、大西を殺《と》りに走ったのである。山本は懐に道具を呑んで大西を仕留めるチャンスをじっと待ち、車に乗るところを銃撃したのだ。

弾はわずかに身をかすめ、車体を撃ち抜くだけに終わったが、この襲撃は相手を震え上がらせるのに十分だった。

それから何日か置いて古川組初代・古川雅章のもとに山口組総本部長の岸本才三から連絡があった。

「大西と竹垣のケンカの件やけどな、車も処分し、襲撃の痕跡はすべて処分した。だから、ここらで手打ちにしてくれないか」

大西とは「津山事件」の報復で組んだこともあり、私の行き腰は知っている。そこで岸本総本部長に相談し、上層部での話し合いが持たれたのだ。

この電話を古川初代は大変喜び、「ウチの竹垣は暴れ者で、どないも手がつけられん男やからな」と終始ご機嫌だったそうである。

後日談になるが、私がやくざを引退後、親交のある兵庫県警の元刑事からこの事件について聞かれたことがある。

「あの件やけどな。警察内部で会長のとこの仕業と上がってきてたんや。もう事件にもならへんし、事実かどうかだけ教えてくれ」

私は黙って目を見つめ、相手が察するのに任せた。

「やっぱりな。そうやと思うてたんや」

長年の謎が解けたとでもいうように、元刑事は何度もうなずいていた。

それにしても、警察の捜査能力というのはたいしたものである。

解散させられた「姫路睦会」

大西組に関係することとして、「姫路睦会」の話にも触れておきたい。

一九九一年一月、日本船舶振興会は姫路・魚町に場外舟券売り場「ボートピア姫路」をオープンさせた。

この計画が持ち上がったとき、「舟券売り場ができれば、各組のノミ屋が入ってトラブルが起きる可能性がある」と考えた私は意を決して姫路のやくざの大同団結を試みた。

大同団結の大義は「ノミ屋の利益の死守」である。当時、ノミ行為はやくざの大事な資金源であり、ノミ屋同士で客の奪い合いが始まり、値引き合戦のようなことが起これば死活問題にもなりかねない。

そこで舟券一枚百円のところ一割引きの九十円より安く受けないというルールを決め、規則の遵守を徹底しようとしたのである。

私は姫路市内に事務所を構える山口組系の組織の組長一人ひとりを回り、やくざの一本化を呼びかけた。

熱心な説得が功を奏し、山口組舎弟の神田幸松組長を筆頭に、後藤組副組長・大西康雄、西脇組副組長・笹部静男、大石組舎弟頭・牧敏夫、同舎弟頭補佐・中塚義美、山健組若頭補佐・小山顕治、同・疋田春夫、柴田会副会長・大角昇、宅見組舎弟姫路支部長・堀尾信夫らの賛同を得て、ついに「姫路睦会」の発足が実現したのである。

じつはこの会の構想は正久親分が三代目山口組時代に結成していた「播州会」がベースになっている。「播州会」は山口組に所属する播州地区の親分衆の団結を趣旨とし、月に一回、親睦会が行われていた。

四代目が亡くなってから立ち消えになっていたが、これを機に姫路のやくざの再集結ができればとの思いもあった。

よって「姫路睦会」でも月一回、各組長が顔を合わせ、舟券の問題だけでなく、繁華街でのトラブルをなくし、客が安心して遊べる街づくりをしていこうと話し合いの場が持たれた。当時はまだバブル景気の余韻が残り、どの組も店の「守《も》り」をしていたから、店側からの要望を聞くいい機会にもなっていたと思う。

ところが苦心して発足にこぎつけた「姫路睦会」は山口組本家の横槍《よこやり》が入り、解散させられてしまう。

一九九二年、私は傷害事件を起こし、神戸刑務所に短期の服役に出た。翌年、懲役から帰ってくると、「姫路睦会」で放免祝いが行われた。

その席で山口組直参に昇格していた大西が「これが姫路睦会として最後の行事になる」と言うのである。

理由を聞くと、大西と神田幸松の二人が山口組本家に呼ばれ、宅見勝若頭に「山口組にはすでに播州ブロックがあるので姫路睦会は解散するように」と指示されたのだそうだ。

それを聞いて、私には「これは中野太郎会長と宅見若頭の確執が原因だ」とすぐにピンと来た。このとき私は中野会に所属しており、二人の仲はものすごくこじれていたのである。

宅見若頭にすれば、たとえ枝の者であっても中野会の人間が主宰する会など認めたくなかったのだろう。この四年後に宅見若頭は新神戸《しんこうべ》オリエンタルホテル（現ANAクラウンプラザホテル神戸）のティーラウンジ「パサージュ」で中野会の手の者によって射殺されている。

また、大西にしても直参のプライドがあり、「姫路睦会」には参加したくないというのが本音だったと思う。

ともあれ「姫路睦会」は発足からわずか二年あまりで消滅することとなり、私が描いた姫路のやくざの大同団結という夢も泡と消えてしまったのだった。

四代目が最も信頼した男・平尾光

竹中組が愚連隊から始まったという話は、この本でもすでに何度か述べさせていただいた。正久親分、英男さん、正相談役、武組長の兄弟を中心として初代若頭になった坪田英和、徳平正春、中塚昭男、笹井啓三ら十数人が家に泊まり込んで寝食をともにしていた。一九五五年前後の竹中家はさながら愚連隊の合宿所のような場所だった。

そのうちのひとりが平尾光である。竹中組の創設メンバーからはのちに幹部になった者が何人もいるが、平尾の光さんだけは別格である。

十代のころから正久親分を慕い、四代目も実の子のようにかわいがっていた。竹中組の後継者は「平尾しかいない」と誰もが口をそろえるほどの器量を持った人物であった。

私がまだ坂本会の組員だったころ、事務所当番をしていると、正久親分の内妻である中山きよみ姐さんに、よくこんな話を聞かされたものだ。

「光さんが奈良の少年刑務所に入ってたときは、うっとこ（ウチの人＝正久親分のこと）と面会に行って、庭に植えてあった大きな樹の下でよく一緒に弁当を食べたもんやったんよ」

きよみ姐さんには武組長でさえ「姉御、姉御」と呼んで逆らえないのに、平尾の光さんだけは意見することができた。

姐さんは酒癖が悪く、四代目が懲役でいないときなど近所の飲み屋に飲みに行ってはしょっちゅう暴れていたが、迎えに行くのは決まって平尾の光さんの役目である。

「また姐さんが暴れています」

「しゃーないな。ほな行ってくるわ」

飲み屋から電話があるたび、平尾の光さんは姐さんを連れ戻しに出かけていく。

すると酒を飲んだら手に負えない、あの凶暴な姐さんが、首に鈴をつけられた猫のようにおとなしく帰ってくるのである。

「フン、どうせうっとこは光さんがかわいいんやもんね」

とにかく姐さんが嫉妬するほど四代目も目をかけていたのである。

平尾の光さんは私が尊敬するやくざのひとりであり、渡世での道を拓《ひら》いてくれた恩人でもある。

私を竹中組の直参に推薦してくれたのは正相談役であるが、平尾の光さんからも口添えをいただいていた。

竹中組を代表する二人から推薦をいただいたのは大変名誉なことであり、私のような者のどこを気に入ってくれたのか不思議にさえ思う。これぱかりは本人に聞いてみないとわからないが、ひとつ心当たりがある。

まだ坂本会の若衆だった時分に、私は無謀にも平尾の光さんにケンカを売ってしまったことがある。ちょうど京都のナイトクラブ「ベラミ」で、田岡三代目が大日本正義団の鳴海清に銃撃されるという「ベラミ事件」があったころのことだ。

私が雪駄《せった》を履いて事務所に行くと、平尾の光さんが「なんや、おまえ、生意気に雪駄履いとるんか」とからかわれた。

「ワシが何を履こうが勝手や」

「文句があるんやったら、表へ出んかいっ」

と啖呵《たんか》を切ってしまった。

いま考えればどうでもいいようなことが原因だが、ケンカというのは得てしてそういうものである。

表に出たとき、私は「どうにでもなれ」という気持ちで開き直っていた。そして、お互いがいまにも殴りかかろうというとき、「おまえら、何しとるんや」と事務所の前で張り付け警戒をしていた警察官二人がわれわれのあいだに割って入ってきた。

「ベラミ事件」の直後ということで、警察は竹中組の動向を監視していたのである。

「なんや、ケンカか。こんなときに人騒がせなことせんといてくれ」

危うく殴り合いになるところを警察官二人に止められたわけだが、この向こうっ気の強さを買ってくれたのだと思う。

竹中組のなかでも、当時、平尾の光さんにケンカを売るような者は誰もいなかったし、いつも叱られてばかりだった部屋住みたちは拍手喝采してくれ、私は男を上げるかたちにもなった。

この出来事以降、「ケンカをするなら、いちばん強い者としろ」というのが私の人生訓にもなったのだった。

「姫路事件」と竹中組のその後

平尾の光さんは「自分のことは二の次に、つねに人のことを考える」という義侠心《ぎきょうしん》が強い男で、なかでも「若い者を育てる」ことを率先垂範していた。

言葉遣いのなってない者を注意したり生活態度にいちいち口を挟んだりするなど竹中組きってのうるさ型ではあったが、若い者を大切にし、情に厚くハートがあった。だから、みんな平尾の光さんの言うことを聞いたのである。

そんな人柄を慕って、平尾の光さん率いる平尾組には多くの人材が集まった。けれども本人は自分の組を大きくしたいとはこれっぽっちも思っていなかったようだ。

というのも、功績を上げた者や優秀な若衆が出ると、すぐに竹中組の直参に上げてしまおうとするのである。

組を預かる者にとって子分を上に上げるというのは痛しかゆしの部分がある。私も義竜会で会長をしていたので、そのへんの心情はよくわかる。

親として子が出世するのは喜ばしいことであるが、同時に子が抜けた分、戦力が削《そ》がれてしまうのである。

それを臆することなくできるほど、平尾の光さんには自己犠牲の精神が体にしみついていたのである。

同様に自分の出世にも興味はなかったようで、若頭昇進の話が出たときも平尾の光さんは蹴っている。

たしか昭和五十年代のはじめのころだったと思うが、それまで若頭を務めていた坂本会・坂本義一会長が退任することになり、後任を探すことになった。

坂本会長が真っ先に指名したのは平尾の光さんである。この決定に誰も異論はないはずだった。ところが、ただひとり、当の平尾の光さんが手を挙げて席を譲ると言い出した。

「ワシはまだ早い。次は杉本明政にしたってくれ」

杉本明政は山陰柳川組の出身で、杉本率いる杉本組は四十人の若衆を抱える竹中組でもいちばんの大所帯だった。

柳川組解散後は岡山県津山に根を下ろし、一本独鈷を貫いていたところを坂本会長と竹中組幹部・橘喜智雄が何度も足を運んで竹中組に迎え入れた経緯があり、若頭としての器量は十分だった。

竹中組への貢献度も高く、自分より適任と考えたのだろう。自分のことはさておき組のことを考える平尾の光さんらしい選択である。

結局、平尾の光さんの意見が通り、このときは杉本が若頭に就任している。それでも次には平尾の光さんが若頭になり、ゆくゆくは竹中組を背負って立つだろうと誰もが思っていた。

だが、若頭になることは永久になかったのである。一九八〇年五月に「姫路事件」が起きると、その首謀者として平尾の光さんは二十年の懲役を勤めることになる。

姫路事件については前にも触れたが、簡単に説明すると、竹中組と対立関係にあった二代目木下会・高山雅裕会長を、竹中組若頭補佐の平尾の光さん率いる襲撃班が射殺した事件である。

発端になったのは同年一月に起きた「津山事件」で、杉本組から竹中組直参になった小椋義政が木下会系平岡組組員二名に射殺されたことだった。

この件で、同じ姫路で山口組舎弟の湊組・湊芳治組長があいだに入って手打ちが進められ、会談に臨んだ正久親分は木下会・高山会長から平岡組組長の香典と指を受けとっている。

さらに事件の犯人を絶縁するという条件も提示されたが、そこで湊組長が「絶縁までせんでもええんやないか」と口をはさんだことで両者に誤解が生じてしまう。

正久親分は絶縁から「一等減じて破門」と理解したのに対し、高山会長は「処分の必要なし」と受けとったのである。

会談後、木下会からはいつまでたっても破門状は出されず、業を煮やした平尾の光さんが平尾組舎弟・高山一夫、岡山竹中組若頭補佐・山下道夫、大西正組・大西正一、杉本組若頭・小島大助、同幹部・山田一に呼びかけ、襲撃班を結成。姫路市内の木下会事務所前で高山会長が車に乗り込むところを射殺したのだった。

この姫路事件は竹中組が大きく飛躍する転機となった事件でもある。武闘派としての名を世に知らしめるとともに、山口組と敵対する「関西二十日会」の主要メンバーである木下会のトップを殺《と》ったことで田岡三代目の寵愛《ちょうあい》を受けることになったのである。

しかし、その代償はあまりにも大きかった。平尾の光さんをはじめとする襲撃犯の六人がいずれも十二〜二十年という長期の服役を余儀なくされたのである。

彼らはみんな竹中組の中核をなす男たちであり、つまり竹中組は名声を得ると同時に組の将来を支えるマンパワーを失ってしまったのだ。

長い懲役のあいだに竹中組も大きく変わってしまった。彼らが出所したとき、正久親分は亡くなり、竹中組は山口組を離脱していた。

副組長として竹中組に復帰した平尾の光さんは、のちに武組長に引退を迫っている。竹中組が山口組を離脱したことや組のために懲役に行った者たちへの待遇に不満があったという。それを押しとどめたのが同じ姫路事件で懲役に行き、復帰後は竹中組の若頭についていた高山一夫だった。

高山は平尾組の出であり、平尾の光さんとぶつかることは本意でなかっただろう。それを竹中組のためにあえて体を張ったのである。

その後、平尾の光さんは竹中組を離脱し、三代目健竜会に移籍して「竜正会」を結成している。「竜正会」の名は五代目山口組・渡辺芳則組長が名づけ親であり、「正」は正久親分からとったものであった。

また、体を張って竹中組を守った高山も結局、武組長と反りが合わずに脱退している。その後は弘道会内二代目高山組に顧問として迎え入れられたが、そこもやめ、最後は自殺している。

こうして時を経たいま振り返ると、あの事件とはなんだったのか、やくざとは何かということについて思わざるをえない。みんな正久親分に惚れ、竹中組のために体をかけた結果が、みずから竹中組を去ることとなり、最後はバラバラになってしまったのである。

「やくざとは哀愁の結合体である」といったのは二代目柳川組組長の谷川康太郎であるが、彼らに思いを馳せるとき、そんな言葉が胸に浮かんでくるのである。

第5章 山一抗争に命を張ったヒットマン

◉かつては「山一抗争」の最前線に立ち、一和会の殲滅に極道生命を懸けた武闘派だった宮前篤。現在はカタギとなり、私が会長を務めるNPO法人「五仁會」の理事長として活躍中だ。

一和会殲滅に命を賭した宮前篤

竹中組からもうひとり、大西組で若頭をしていた宮前篤について書いておきたい。宮前は現在はカタギで、私が主宰するNPO法人「五仁會」の理事長を務めている。

現役時代は任侠道に邁進した昔気質のやくざで、私が最も信頼する男のひとりであるが、かつては「山一抗争」の最前線に立ち、一和会殲滅《せんめつ》に極道生命を懸けた武闘派でもある。

一九八四年八月から一九八九年三月にかけて山口組と一和会のあいだで起こった山一抗争は竹中組が経験した最大の抗争事件である。

田岡一雄三代目の死後、四代目を襲名した竹中正久親分を支持する竹中派と、これに反対して一和会を結成した山広派のあいだに争いが生じ、和歌山県東牟妻郡串本町《ひがしむろぐんくしもとちょう》で一和会系組員が刺殺されたのを皮切りに抗争が勃発。

一九八五年一月二十六日に正久親分が射殺されると抗争は激化し、およそ五年のあいだに全国で三百件を超える衝突が起きた。

両陣営合わせた死者は二十九名、負傷者六十六名、逮捕者は五百六十名にもおよび、史上最悪の暴力団抗争ともいわれる。

　この抗争で、宮前は大西組の戦闘部隊を率いて加茂田組舎弟・小野敏文を射殺するという戦果を上げている。

　それがもとで懲役十八年を勤めることになるが、逮捕後も一貫して容疑を否認し、侠の美学を貫いた。

　だが、宮前のやくざ人生は突然、終わりを告げる。

　出所直前、宮前に突きつけられたのは若頭から舎弟頭に直されるという事実上の降格処分であった。

　厳しい取り調べに耐え、仮釈放に目もくれず、ひたすら山口組のために十八年を勤め上げた男に対して、それはあまりにもひどい仕打ちであった。

　かねて大西組組長・大西康雄と意見が合わなくなっていたこともあり、絶望した宮前はシャバに出てわずか三カ月でカタギになったのだった。

　思えば宮前のやくざ人生は悲哀に満ちている。そこには苛烈な抗争の最前線に立った男にしかわからない、いくつもの葛藤があった。

　あの抗争でひとりのやくざが何をし、何を思い、なんのために侠の意地を通したのかを、みなさんにも知ってもらいたいと思う。

宮前は熊本県天草《あまくさ》の生まれである。若いときは大阪に出てテキヤをしていた。しかし、テキヤ稼業ではうだつが上がらず、ちょうど知り合いに大西組の若い者がいたこともあって、大西組の門を叩いた。

「それで、おまえ、長いこと懲役行けるんかい」

大西組事務所の応接室で親分の大西康雄と初めて対面したとき、真っ先にそう聞かれたそうだ。

組のために体をかけて懲役に行くことはやくざの基本である。とはいえ初めての面接でいきなりそう問われたら逡巡してしまう者もいるだろう。けれども宮前に迷いはなかった。

「行けます。その肚はできとります」

このとき心のなかで「よし、ワシもやったるわい」と叫んだという。こうしてテキヤの世界に別れを告げ、渡世で生きていく決心をしたのだった。

晴れて大西組の組員になった宮前は、しばらくは部屋住みとして過ごした。朝は事務所の掃除から始まり、午後は野球賭博の手伝いをするのが日課である。

ひと口に野球賭博の手伝いといっても、仕事はさまざまである。昼過ぎにハンデが回ってくると、それをブウヤに流し、試合開始前までに客が入れた票を受けとって集計をする。試合が始まったからといって終わりではなく、テレビやラジオで途中経過を逐一チェックする。放送がない試合や途中で終わってしまった場合は直接球場に電話して聞く。昔はインターネットなどなかったから、こういう情報がとても重宝されたのである。

客からも「試合の結果は竹中組に聞け」と言われていたほどで、大西組が出す速報はさながらスポーツ新聞社並みの速さだった。

宮前は時に竹中組本部の事務所当番に出向いて正久親分に直々の指導も受けている。正久親分からは「ウタうな（自白するな）」ということを何度も聞かされたという。

私も経験があるが、正久親分は「とにかくパクられても絶対にウタうな」と口を酸っぱくしていた。

「ウトうてもうたら、おまえ破門やぞ。ちょっとおかしなこと言うて、人がパクられるようなことになったら絶縁やぞ」

たとえウタったことを黙っていても、正久親分は弁護士を通して供述調書を上げさせ、内容をチェックするので、すぐにバレてしまうのである。

「なんや、この子、名前出しとるやないかい。絶縁せい！」

そのように処分される若い者をしばしば見ているから、竹中組組員には「ウタうな」が自然と身についているのである。宮前も十八年の懲役のあいだ、容疑をいっさい認めていない。

大西組組員になって数年がたった一九八三年、若頭補佐に昇格した宮前は大西からある誘いを受けた。

「おまえ、熊本やったな。地元やから、市内はよう知っとるやろ。店やるのにいい場所があるか、いっぺん見に行こうや」

店とはポーカーや麻雀、スロットなどの賭博ゲーム機を置くゲーム屋のことで、当時、やくざのシノギとして流行していた。すでに宮前は鳥取で出した店の責任者として成功していたので、さらにもう一店舗増やそうというのである。

ほどなく出店が決まり、店はそこそこ当たった。だが、「出る杭《くい》は打たれる」の言葉のとおり、目立てば必然的に警察の目につくところとなる。すぐに手入れとなり、賭博開帳の容疑で福岡刑務所に一年半勤めることになったのだった。

宮前が服役したのは拘置所の未決を差し引き、一九八四年四月から一九八五年二月にかけてである。

この懲役のあいだ、外の世界で目まぐるしい変化が起きていたことを、宮前はまったく知らない。刑務所では懲罰ばかりで独房生活を送っており、同部屋の懲役から情報を聞くこともなかったのである。

異変に気づいたのは出所の前日、懲罰を終え、引き込み房に入ってからだった。とっていたスポーツ新聞をまとめて受けとると、一月二十七日付のものから至るところに記事抜きや黒塗りが施され、テレビ欄にまで黒線が引かれている。

いくらなんでもおかしい。これはただごとちゃうぞ。もしや親父になんかあったんちゃうか……。

大西の身を案じ、宮前は気が気でなかった。それが正久親分の死を伝えるものだと判明するのは翌朝、出所してからのことだった。

「わかっとるやろな?」

一九八五年二月十九日の早朝、福岡刑務所を出所した宮前は正久親分が射殺された事実を知り、絶句した。

「そんな、ウソやろ……」

出迎えの者から聞いた話を、宮前はにわかに信じることができなかったそうだ。無理もないだろう。なにせ服役した一年半のほとんどが独房暮らしで、射殺事件はおろか、正久親分が四代目を襲名したことも知らなかったのである。

すでに「山一抗争」の火蓋は切られ、二月七日には高知で、正久親分とともに射殺された山口組若頭・中山勝正の出身母体である豪友会と一和会系中井組のあいだで銃撃戦が、また同十二日には三重で、一和会系水谷一家内一友会の相談役が銃撃されるなど各地で銃口が火を噴いていた。

宮前もこれから自分の身に降りかかる未来を案じ、放免の喜びもどこかに吹き飛んでしまったのだった。

このころ、大西組のなかでもちょっとした騒動が湧き起こっていた。それまで若頭を務めていた男が野球賭博で穴をあけて蒸発してしまったのである。

組をまとめるはずの大西も宮前と同じゲーム賭博の容疑で逮捕され、いまだ服役中であり、窮地を乗り切るために組員のあいだで話し合いが持たれた。

「もう少ししたら親父も帰ってくる。それまでひとりを真ん中に据えて協力していこうやないか」

「その役を誰がやるんや。器量がないことには誰もついていかへんで」

「それやったら、宮前に若頭代行をやってもらおう」

出所前に開かれた幹部会でみんなの意見は一致していた。これまで積み重ねた実績から、宮前は組の誰もが認める存在になっていたのである。

もちろん信頼されるのは光栄なことではある。だが宮前はすぐには首を縦に振らなかった。

「みんなに頼りにされるのはありがたい。せやけど親父の意見は違うかもしれん。一度、親父の気持ちをよく聞いてきておくんなはれ」

姐さんが大西の面会に行くとき、宮前はそう言って言伝てを託している。子分たるもの、やはり親分の意見が気になるのだ。

面会から姐さんが帰宅すると、宮前は待ち切れんとばかりに玄関先でせっついた。

「どんなんでした？　親父はどう言うてましたか」

「ウチの人も『アッにさせえ』言うとったよ」

それを聞いて、「ああ、これは親父の言葉に間違いない」と宮前は感激で胸がいっぱいになり、身悶《みもだ》えする思いだったという。大西は宮前を名前の「篤」の二文字をとって「アツ」と呼ぶことがあり、そのような呼び方をする者などほかにいなかったのである。

親父が言うなら迷うことはない。宮前は若頭代行の役職を快く引き受け、大西が出所後、正式に若頭に就任することになる。

この年、山口組と一和会の衝突は日を経るごとに熾烈をきわめていった。夏までに起きた殺人事件だけでも、

◎二月二十三日、高知競輪場で山口組系豪友会内誓心会副会長・堀川鉄壁と、同じく豪友会内智友連合若頭補佐・橋本幹樹らが一和会系中井組本部長補佐・横川政博と日浦寿組員を射殺。

◎三月六日、三重県四日市《よっかいち》市の喫茶店で一和会系水谷一家の元相談役・清水幹一が山口組系宅見組内勝心連合会の二名に撃たれて死亡。

◎同十七日、高知で一和会系中井組内弘田組舎弟・竹中幸雄らが山口組系豪友会内岸本組の事務所に侵入し、吉門正光組員を射殺。

◎四月四日、山口組系豪友会内岸本組幹部の谷脇修が宅配業者を装い、一和会系中井組・門屋義之を射殺。

◎同十二日、山口組系弘道会内薗田組幹部・幸田幸雄ら三人が名古屋《なごや》のレストランで一和

会系水谷一家隅田組幹部・中本昭七と島上豊組員を拉致。警察に電話して水谷一家に解散を迫るが拒否され、中本を射殺。
◎同二十三日、和歌山市のクラブ「シンザン」で山口組系山健組内健竜会傘下の組員が一和会系松美会内光山組・光山勝治組長をボトルで殴打したうえ射殺。
◎同日、一和会系加茂田組組員が走る車から神戸・花隈《はなくま》の山口組系山健組事務所近くの駐車場に向けて発砲し、山健組内高橋組・川崎竜夫組員が死亡。
◎五月五日、石川県山代《やましろ》温泉で山口組系紺屋組幹部二人が一和会系加茂田組内宮原組傘下の奥原組事務所に宅配便配達員を装って押し入り、佐々木俊彦若頭を射殺。
◎同日、大阪で山口組系岸本組事務所付近で岸本組内南野組・西村賢次組員が二人組の男に射殺される。
◎六月二十三日、香川県高松《たかまつ》市のパチンコ店で山口組系一心会幹部・美村道彦らが一和会系山広組幹部・岩田秀雄を射殺。

と、じつに十件を数えていた。

さらに八月には抗争の激化を受けてユニバーシアード大会の開催を控えた神戸市長・中井《なかい》

一夫《かずお》が「大会期間中の抗争休戦」を呼びかけ、山口組と一和会のあいだで異例の休戦合意がなされた。

しかし、休戦明けも両者の争いは収まるどころか、なおも激しさを増していく。九月に竹中組・竹中正相談役と織田組・織田譲二組長がロケット砲などの武器密輸の容疑で逮捕される「ハワイ事件」が起き、また十月には鳥取県倉吉《くらよし》市のスナックで竹中組内杉本組傘下の輝道会組員二名が一和会幹部の赤坂進らを射殺する事件が起きている。

この事件は実行犯のひとり、輝道会・清山礼吉組員が女装してホステスに扮《ふん》したことから「オカマのヒットマン」としても有名になった。

そんななか、同年十二月、大西が福岡刑務所を出所する。

「お勤め、ご苦労さんです」

久しぶりの子分たちとの対面にも大西に笑顔はなかった。このとき大西には期するものがあった。正式な発表こそまだであったが、近く竹中組の若頭に就任することが内定していたのである。

その夜、大西は宮前を部屋に呼んで普段と変わらぬ口調でこう言ったという。

「ワシが竹中組の若頭になるいうことは、おまえは若頭の若頭いうことや。それがどういうことか、わかっとるやろな?」

「へえ」

それはあまりにも静かな報復の指令であった。

加茂田組舎弟を射殺

大西の意を酌んで翌一九八六年一月、宮前は戦闘部隊を結成し、ただちにターゲットの選定に入った。

こうした抗争でやくざに求められるのはただひとつ、結果である。それも竹中組若頭にふさわしい戦果を上げなければならない。

さらに宮前には時間という縛りも課せられていた。山口組では四代目が射殺されて以後、毎月、月命日の二十七日に定例会が開かれていた。

この定例会に野球賭博の容疑で逮捕されている竹中武組長の名代として大西が参加する予定だったのである。

竹中組若頭として初めての大舞台であり、それまでになんとしても土産を持たせなければならなかったのだ。

宮前は正久親分の射殺以降に起きた一連の抗争事件をあらためて分析し、これはたんなるやくざの抗争とは違う「経済戦争」であると位置づけた。

この抗争はおそらくどちらかが消滅するまで続くだろう。

たとえ戦いに勝利したところで、最後に利益をとれるところ、カネになるところをやらないことにはなんの値打ちもない。

理をつめていくと、おのずと標的は絞られていった。宮前がまず狙いを定めたのは小野会会長の小野敏文であった。小野は一和会の主翼を担う加茂田組組長・加茂田重政の舎弟で、兵庫県加西市を拠点にしていた。

加西市は大西の地元であり、ここに一和会の代紋を掲げる事務所があってはどうしても具合が悪い。これだけはなんとしても排除しなくてはならない。

ところが小野を殺《と》るには問題があった。前章でも触れたが、小野は加茂田組を一時期、破門になって竹中組に出入りしていたことがあり、それが縁で大西を竹中組に紹介した男でもある。いわば大西は小野に対して義理があり、組には小野を知る者も多く、遠縁にあたる者さえいた。

こういう男を標的にかけていいものか。迷いはあったものの、山口組と袂《たもと》を分かった相手である以上、やはり見逃すわけにはいかない。

宮前は大西組組員の前田哲也と山本孝道の二名を呼び、こう告げた。

「ええか、小野に『引退せい』と言って脱退届を書かせるんや。文面はおまえらが書いてサインだけさせたら、それでええ。ほかのことはすな。

せやけど、あのオッサンはしぶといぞ。向こうから見たら、ワシらはほんの若造や。ワシらを子ども扱いするようなところがある。ちょっとやそっとでなびくようなタマと違うから、肚くくっていかなあかんど」

「へい」

小野を引退させ、一和会の代紋を下ろすことができれば、何も殺すことはない。だが、もしサインを拒絶したら、そのときはそのときである。宮前は覚悟を決め、二人に道具《チャカ》を手渡した。

一月二十一日の深夜、小野の自宅付近でなかの様子をうかがう前田と山本の姿があった。

小野は前年五月に加西市のパチンコ屋で別の竹中組組員に銃撃されており、警戒してほとんど家にこもりっきりになっていた。

ちなみにこのパチンコ屋銃撃事件は、銃弾が小野の背中に命中したものの、「あっちっち」と着衣を焦がしただけに終わっている。使われた道具が殺傷力のまるでない、なんともお粗末な改造銃だったためで、俗に「あっちっち事件」とも呼ばれている。

小野が在宅していることを確認した二人は玄関の扉を慎重にこじ開けると、二階で寝ている小野のもとに駆け上がった。

「オッサン、ほら、起きんかい」

前田は道具を突きつけると、用意した脱退届を目の前に差し出した。その間、山本は一緒に寝ていた小野夫人に匕首を突きつけて、有無を言わさず一階に連れ出した。

「これにサインせえ。脱退さえしたら、命まで殺《と》らん」

「………」

突然の出来事に動揺することもなく、小野は前田を一瞥しただけで、終始、無言のままだった。

「あのなあ、オッサン。あんたもええ年なんやし、カタギになってのんびりしたらええやないか。ここにサインするだけでええねん。名前ぐらい書けるやろ」

突き出された脱退届を小野は畳の上に叩きつけると、ぷいと横を向いてしまった。おまえらを相手にする気はないというのである。

「小僧が意見するなど十年早いわい。顔洗って出直してこい」

（アカン、これはもう何を言ってもムダや……）

前田は手にした道具を小野の左こめかみに当て、引き金を引いたのだった。

「とにかく逃げろ。カネのことは心配いらん。ワシが都合つけたる」

電話で報告を受けた宮前は二人にそう指示を出した。いずれ手が後ろに回れば長い懲役を打たれるのは目に見えている。それまではシャバの空気を思う存分味わっておいてほしい。そのような思いからだった。

前田、山本の両名が、殺人の容疑で警察に逮捕されるのは、それから約一カ月後のことだった。

復讐の連鎖

加茂田組舎弟の射殺は山口組でも大きな評判となった。

「懲役から帰って一カ月足らずで、あれだけの仕事をやったんかい。大西という男はどえらいヤツや」

称賛の声があちこちから上がり、竹中組新若頭の名刺代わりとしては十分すぎる土産になったといえよう。

部隊を指揮した宮前も肩の荷が下りる思いだった。結果として射殺に至ってしまったが、親分の男を上げることができたし、自分も大西組若頭としての責務を果たすことができた。

だが、これで終わりというわけにはいかなかった。やられたらやり返すが「やくざの鉄則」である。この射殺事件以後、竹中組に対して一和会の壮絶な報復が始まる。それは終わりなき復讐《ふくしゅう》の連鎖の始まりでもあった。

二月二十七日、姫路市御国野《みくにの》町《ちょう》深志野《ふかしの》の正久親分の墓前で竹中組内柴田会の井垣道明と星山勲の組員二人が作業服姿の男二名に射殺される。二人は正久親分の月命日に墓の清掃に訪れていたのだった。

この事件は長いこと犯人が不明とされていたが、竹中組では「加茂田組による仕業」と早くから断定されていて、小野射殺の報復であることは明白であった。

さらに翌月には大西組にも銃口が向けられる。

三月某日、組の若い者・山路某が大西組事務所の近所にある薬局に買い物に出たところ、道の先に怪しい二人組がいるのを発見した。

「なんや?」と目を凝らすと懐から道具を取り出し、こちらに突進してきたのである。

「あかん、やられる」

踵を返し全力で逃げ出す後ろでパンパーンと銃声が鳴り響いた。山路は車が往来する通りを構わず横切り、ほうほうの体《てい》で事務所まで逃げ帰った。

「撃たれてもうた」

アジトのマンションで作戦を練っていた宮前が電話で連絡を受けたのは、そのすぐあとである。

「なんやて、体は大丈夫なんか?」

「大丈夫です」

「ほんなら、すぐにこっちへ来い」

飛んできた山路に「どこを撃たれたんや」と聞くと、「たぶん足やと思うんですわ」と言う。見るとズボンの裾に銃弾の通った穴が開いており、うまいこと体をすり抜けていたことがわかった。

「おまえ、よっぽど運の強いやっちゃなあ」

銃撃のくわしい報告を受けるうち、宮前は「すぐに相手を殺らなあかん」という使命感に支配されていった。

「それやったら、こっちにも来るかもしれんな。殺られる前に殺れや。いまから行くぞ」

道具を腰に突っ込むと同じ組の瀬古武志が車を出し、若い者の案内で現場に急行した。しかし、狙撃者たちはすでに逃亡したあとだった。念のため周囲を捜索してみたが、それらしい男の姿は見当たらなかった。

相手が立ち去ったとわかり、ようやく緊張から解放された宮前はふと股間のあたりにズッシリした重みを感じた。視線を下に移すと、それは寝間着のなかでぶら下がっている道具の感触だった。

「なんや、ワシ、パジャマのまま出てきてしもうたんかい」

急いで外に飛び出したあまり、宮前は着替えることすら忘れていたのである。

こうした襲撃事件が相次いだことで、竹中組でも宮前に対する風当たりが日に日に強くなり、ついには面と向かって不満を述べる者まで出てきた。

「おまえのところが小野を殺ったから、その仕返しで来とるんやないか」

「おまえがなんとかせなあかんのやないか」

そんなもん、言われんでもわかっとるわい。宮前は心のなかでつぶやいた。本音を言えば「自分で行きもせんと、偉そうなこと言うな」というところだったろう。

だが、こちらも指をくわえて殺られるのを待っているつもりはない。宮前はすぐに二の矢を放つ算段を始めた。

五人のメンバーを集めて部隊を再編成し、斥候《せっこう》としてひそかに街に放った。神戸や大阪をくまなく調べて回り、次なる標的を探すためである。

ところが、この標的探しは思いのほか難航してしまう。すでにこのころになると一和会の者も警戒して、ほとんど外を出歩かなくなっていた。

女のいる店に飲みにも行かず、事務所を狙おうにも当番さえ置かない組が多くなっていた。服装すらやくざらしい格好を避け、GパンやTシャツを着てカムフラージュするなど一般人と見分けがつかなくなっていた。

依然、標的は見つからない。いたずらに時間だけが過ぎていき、次第に実行部隊のメンバーも疲弊していった。

ヒットマンとして長い間、緊張を続けていれば、そのストレスは半端ではない。どんな男でも神経をすり減らし、精神的にやられてしまう。

宮前の部隊も一人減り、二人減り、しまいには自分と若衆の二人だけになってしまったのだった。

そんな数カ月がたったある日、宮前のもとにとうとう親分の大西から特大の情報が舞い込んだ。神戸・三宮にある一和会系北山組に悟道連合会・石川裕雄が立ち寄っているという。石川は四代目射殺事件にも関与している大物である。

情報を耳にして、宮前は俄然、目をぎらつかせた。やるならここしかない。

残った若衆と二人、神戸市中央区二宮町《にのみやちょう》に乗り込んだのだった。北山組の事務所は三階建てで、一階には明かりがついている。

「よし、誰かおるな。おまえは表から突っ込め。俺は裏で出てくるヤツを殺ったる」

若衆に指示を出すと、宮前は横の細い路地を通って裏口に回った。暗闇に隠れてじっと息を殺し、なかから石川が出てくるのを待つ。

（おそらく石川はガードもキツいやろし、殺られへんかもしれん。そのときは誰でもええから殺ったる）

宮前は道具を握る手にいっそう力を込めた。ところが、いつまでたっても出てくる気配はおろか、なかから物音ひとつしない。

状況を確かめに表に戻ると、スッとドアが開いた。出てきたのは突撃させた自分の若衆である。

「どないしたんや?」

「もぬけの殻ですわ。誰もいてしまへん」

「そんなはずないやろ」

なかをのぞくと、電気がついてるだけで、たしかに誰もいない。

「おかしいな。風呂にでも行っとるんやろか」

事情が飲み込めず首を捻っていると、物音を聞きつけたのか、路地を隔てた隣のアパートの住民が騒ぎ始めた。

「おい、誰かおるで」

廊下に並んだドアが次々と開き、女や子どもまでもが顔を出して、こちらをのぞき込んでいる。

「あかん、撤退や」

襲撃は中止され、二の矢は不発に終わった。

第三の矢、そして逮捕

宮前の部隊と並行して、四代目の墓前で二人の組員を射殺された竹中組内柴田会でも独自で報復に動いていた。

柴田会は加茂田組の関係者が姫路でたこ焼き屋を出しているのを突き止め、店主を銃撃して足を負傷させているが、この男はカタギであった。

とはいえ加茂田組の関係者であることに変わりはなく、「加茂田組の人間が見舞いに来るはずや」と宮前は狙いをつけたのだった。

男が入院している姫路の病院を若い者に張らせていると、思ったとおり、見た感じからやくざとしか思えない「おかしな連中が来てる」と言う。

「見舞いに来た帰りをいてもうたろうや」

みずから三の矢となる覚悟で宮前は病院に向かった。表で張っていると、ほどなく加茂田組の者と思われる男たちが現れ、数人で病棟に消えていった。

「ええか。あいつらの誰でもええ。やくざみたいのが出てきたら、どんなんでもええから撃ってまえ」

今度こそという思いで、宮前は連れの若衆と二人、男たちが出てくるのを固唾を呑んで見守った。

しかし、待てど暮らせど、いっこうに姿を現さない。のちに判明したのだが、男たちは病院の裏に車を回し、宮前たちがしびれを切らすはるか前にさっさと帰ってしまっていた。事前のリサーチの甘さが招いた失敗だった。

二の矢、三の矢は不発に終わったが、その後も宮前は攻撃の手を緩めてはいない。このとき宮前を突き動かしていたものはなんだったのか。

それはひと言で言えば「責任感」である。昔、宮前は私にこう話したことがある。

「刑務所のなかで何回も考えてみたんやけど、やっぱり責任感やったなあと思うんですわ。俺、若い時分から『あんたは責任感が強くて律儀な人やなあ』とよく言われましてん。それがいいほうに出たのかどうかはわかりまへんけど」

自分がどうなろうと大西組の若頭として責任を果たさなければならない。その一心が宮前を支えていたのだ。

次なる標的を探すあいだ、宮前はしばらくアジトのマンションにこもり、シノギの野球賭博を受けるなどして過ごしていた。

その日は共同生活を送っていた大西組の組員も朝から出かけ、ひとり部屋に残っていた。と、そのときである。

ドンドンドンドン。

突然、けたたましくドアを叩く音がしたかと思うと、「おい、誰かおるんか」と外で誰かが叫ぶ声がした。宮前はとっさに身をかがめ、窓の外の様子をうかがった。二十人ほどの男がすでに建物を取り囲んでいた。

（アカン、警察や）

すぐに大西に電話を入れて野球賭博で受けた目と金額を報告し、流し台でメモ帳に火をつけた。客に迷惑をかけないようにするためである。

すると、その臭《にお》いを嗅ぎつけ、外の刑事たちが騒ぎ出した。

「焦げ臭《くさ》いぞ。これはなかに誰かおるな」

マンションの管理人が呼ばれ、部屋の扉が開けられた。

「宮前やな。逮捕状出てるから来んかい」

「逮捕状出てるんやったらしゃーないな」

一九八六年三月二十五日、殺人教唆の容疑で宮前は逮捕された。「山一抗争」の最前線での戦いはひとまず幕を閉じたのだった。

「大西をウタえ」

大西組若頭である宮前の逮捕は警察にとっても大きな収穫であった。これを足がかりに竹中組若頭の大西を殺人教唆で逮捕に持ち込むことができれば、すでに拘留中の武組長と合わせて竹中組を完全に封じ込めることができる。

それだけに宮前の供述には大変重要な意味があり、取り調べには特別チームが編成されることになった。

当初は姫路署の刑事が担当になるはずだったが、宮前を知るその刑事は「あいつはウタわない」と辞退してしまったので、兵庫県警本部から精鋭が選抜されたのである。

これまで数々の難事件で自白を引き出してきた「取り調べのプロ」を相手に、宮前は新たに男を試されることになったのだった。

精鋭刑事たちの取り調べはさすがというほかなく、「大西の名前を出させること」「道具のありかを供述させること」の二つに狙いを絞り、要領よく急所をついてくる。

しかし、宮前は「ウタうな」の竹中組の掟《おきて》を忠実に守り、固く口を閉ざして容疑を否認し続けた。すると当初は日中に行われていた取り調べが、次第に夜の時間帯に変えられていったのだった。

夜に行うのは取り調べの様子を他人に聞かれないようにするための警察の常套手段である。たとえ密室であっても声を荒らげて威圧したり暴行を加えていたりすれば、いずれ署員の知るところとなる。それを避けるために一般署員が帰ったあとにひっそり行われたのだ。

「宮前、出ろ」

夜、取調室に連行されると冷たいタイルの上に正座をさせられ、足を崩すことも許されぬまま厳しい尋問が始められる。

「大西に『殺せ』言われたんやろがい」

「知らんな。言われたことなんかあらへん」

「言わんか、コラ、親父の名前を言ってみろ」

「はて？　どんな名だったか、もう忘れてしもうた」

「道具はどないしたんや？」

「そんなもん、明石海峡の真ん中に捨ててもうたわい。探すんやったら、トロール船持ってきて海の底をさらってみたらどうや？」

禅問答のようなやりとりにしびれを切らし、刑事のひとりが宮前の髪を引っ張って机の脚に頭を何度も打ちつけた。

「おまえ、ナメとったらあかんど。はよ言わんかい」

「何遍聞かれようと、知らんもんは言われへんがな」

行き過ぎた捜査や冤罪《えんざい》を防ぐため、二〇〇六年から一部の取り調べで可視化が始まっているが、昔はこのような取り調べ中の恫喝や暴行が常態化していたのである。

調べは連日、午後七時過ぎから行われ、時に深夜にまでおよんだ。

一日が終わるとぐったりして動くこともできない。そんな生活を宮前は根性で耐え続けたのだった。

こうした攻防は警察の取り調べだけでなく「検事調べ」でも行われた。

「検事調べ」とは被疑者を起訴するか不起訴にして釈放するかを決める検事による取り調べのことである。基本的に警察の取り調べと同じことを聞かれるが、不用意な発言は即起訴となるため、「刑事より検事のほうがキツい」と言う者もいる。

宮前も「普通に答えとったら起訴されてまうかもしれん」という不安があったようで、初回の「検事調べ」にはある秘策を持って臨んでいる。

勾留期限の前日、検察庁に送られた宮前は取り調べ自体をぶち壊そうと、検事に向かっていきなり演説をぶったのである。

「俺は何もしていない。ひと言も言うてないのに、こないして俺をパクってやな。悪いのはあんたらのほうやないか」

この作戦は見事に的中した。宮前が大見得を切ると後ろで待機していた刑事が顔を真っ赤にしてすっ飛んできて、「コラ、なんやその態度は。ええ加減なこと抜かすな」と座っている宮前を椅子ごと蹴り飛ばしたのだ。

「おまえ、いま蹴ったな。コラ、何しとんねん。コイツは暴行の現行犯やど。はよパクらんかい」

声を張り上げていると、部屋の外でドドドッと警察官が駆けつける足音が聞こえてくる。

これ見よがしに宮前は廊下で待機している警察官にも聞こえるように一段と大きな声を上げた。

「この刑事はな、俺の足を蹴ってもうた。職権乱用や。現行犯で逮捕せなあかんやろ。はよ逮捕せい。それとも何か、おまえらもグルなんか」

「もうええ、帰れ！」

たまりかねた検事が怒号とともに取り調べを打ち切った。宮前の狙いどおりだった。こうして膠着状態のまま一勾留目が過ぎていった。

命を懸けた攻防

連日の厳しい取り調べにも宮前は頑なに否認を続けていた。だが、日数が長くなれば体力も気力も少しずつ衰えていく。警察もそこをついて、あの手この手で懐柔策をしかけてくるのである。

二勾留目が終わり、起訴されて三日ほどたったころ、留置所にひとりの刑事が「アメ」を持ってやってきた。

「宮前、おまえもつらいやろ」

普段「ムチ」ばかりを振るっていたいつもとは打って変わって、親しみを込めた穏やかな口調である。

「おまえの気持ちはようわかった。言いたくなかったら言わんでもええ。ワシを信用して、これに署名だけせい。そしたら、こないして苦しまんですむのやから、な」

そう言うと、刑事は一枚の調書を差し出した。そこには次のような文面が書いてあった。

「私は大西組・大西康雄組長から一和会会員を殺害するように言い渡されましたが、大西組の若頭という職責を担っている以上、親分の名前を出すことはできないので否認します」

ああ、こういうやり方しよんねやな。刑事の姑息《こそく》な手法に、怒りを通り越して思わず笑ってしまった。

「何を笑《わろ》うとる？　はよ署名せい」

「誰がおまえなんか信用するかいな。こんなこと、俺はひと言も言うてない。そんなもんに署名できるか。おまえが書いたんやから、自分で署名しとけ」

手にした調書を投げつけると、刑事の顔色がみるみる変わっていった。

「おまえはな、大西の名も出さん、道具も出さん。俺たちに二つのヘタを売らしとるのや。このままではすまさへんからな」

捨て台詞《ぜりふ》を吐きながら刑事は去っていったが、ある意味、それは真理である。宮前に通さねばならない侠の意地があるように、刑事にもまた果たさねばならない使命があるのだ。

（こんなことがいつまで続くんやろか）

宮前は次第に不安に苛《さいな》まれていったのだった。

翌日からまた地獄の取り調べが始まった。タイルの上に正座させられ、頭を机の脚に叩きつけられ、深夜まで恫喝される日々が何日も続く。

すでに気力も限界に近づいていた。足は痛みで腫れ上がり、精神的にもまいって身も心もボロボロの状態であった。

（いっそ親分の名前を出してもうたら、楽になれる……）

さすがの宮前も弱気の虫が頭をもたげてきたようである。だが、首を振ってすぐにそれを打ち消した。

（それだけはでけへん。そんなことしたら、いままでなんのために苦労したのか、すべてが水の泡や。俺はなんの値打ちもない男になってまう……）

葛藤は毎日のように続き、そのうち、心のなかをある考えが占めるようになっていった。

（俺が苦しんどるのは生きようとするからや。このまま死んでしまえば楽になれる。そのほうがええ）

一種の拘禁病のような状態だが、それほど宮前は追い込まれていたのである。

覚悟を決めると、それまで胸につかえていたものがウソのように流れ落ち、何日かぶりにぐっすり眠ることができたのだった。

「宮前、出てこい」

翌日の夜、いつものように刑事二人がやってくると、宮前は房のなかで静かにこう答えた。

「もう行く必要はない。調べやったら、ここでしたらええ」

「おまえ、何抜かしとるんや。はよ出え」

「なんぼでも言うたるど。おまえが来たらええんや。こっちへ来んかい」

「コイツ……」

挑発に乗った若い刑事がなかに入ろうと身をかがめたちょうどそのとき、「やめい！」ともうひとりの主任の刑事が制止した。

「見てみい、宮前の目を。目の色変わってしもうとるぞ。コイツは何をするかわからん。もうええ」

主任は若い刑事を檻《おり》の外に出すと、宮前にこう告げた。

「宮前よ。おまえのところは何人死んでもええかもしれんけど、ウチはひとりの犠牲を出すこともできんのや。だから、もう取り調べはせえへん。これをもって、おまえが言わんいうのはわかった。その代わり、責任だけはとってくれよ」

これ以降、宮前が取り調べで自白を強要されることはなくなった。捨て身の覚悟が、事態を終結に導いたのだった。

大西との確執からカタギに

宮前は裁判でも無罪を主張したが、容疑否認のまま懲役十六年の判決が下された。拘置所にいた七年のうち五年が未決通算で引かれ、都合、十八年を大阪刑務所で勤めている。

裁判中の大阪拘置所時代に量刑が最も重い未決囚が入所する五舎五階の独居房に収容された。同階には「イトマン事件」の許永中、姫路と神戸で主婦と子どもの三人を殺害した前原伸二、大阪・和泉《いずみ》宝石商殺しの中元勝義がいた。前原と中元はともに死刑囚であった。

じつは私も二〇〇四年に最後の懲役を大阪刑務所で勤めたことがあり、塀のなかで宮前と再会している。

同じ工場に配役《はいえき》されると、計算工（囚人のまとめ役）が私が来たことを宮前に伝えてくれた。

しかし、宮前は担当台に立っている私を見て、「あれは竹垣さんと違う」とおかしなことを言っていた。シャバで会ったのはお互い二十代で、すでに五十代となっていた私は大石組の若い者にバットで顔面を強打された影響で顔が変わってしまっていて、すぐにはわからなかったそうだ。

宮前とは運動の時間にいろいろな話をしていたし、大西とうまくいっていないというのも聞いていたが、出所してわずか三カ月でカタギになったと聞いたときは本当に驚いた。組のために十八年も勤めた男をカタギにさせるほどの確執とはなんだったのか。そこにはやはり修復できない大きな行き違いがあったようである。

兆しはすでに宮前が姫路拘置所にいたころから表れていた。

大西組の舎弟に瀬古武志という男がいた。瀬古は姫路の網干《あぼし》出身で、初犯の浪速《なにわ》少年院で大西と知り合い、以来、ニコイチできた仲で、大西とはとても関係がよかった。大西が部屋住み時代に瀬古を引っ張り、その後、同じころに一緒に部屋住みをして竹中組の直参にもなっている。

ところが一九七一年、瀬古は野球賭博で揉めた白龍会内藤沢組若頭の長谷川智一を殺害して姫路の仁寿山《じんじゅさん》に埋めるという事件を起こし、組を絶縁になっていた。

一九八五年に長期の懲役を勤めた瀬古が出所すると、大西は組の預かりとしてそばに置き、竹中組に復帰できる機会をうかがっていたのだった。

そこに小野会長射殺事件が起きたのだが、大西はこれを瀬古の功績として武組長に持っていくことで、組に戻そうと復帰の算段を始めているというのである。

「それは、いくらなんでも具合が悪い」

面会に来た若衆から事情を聞いた宮前は憤慨した。

若いときからニコイチで来た瀬古を大西が助けたい気持ちはわかる。

だが、この事件で瀬古は多少の手伝いをすることはあっても、作戦にはほとんどかかわっていない。

宮前のほかにも懲役に行った若い者もいるのである。いくら親分のすることとはいえ、やくざの筋から言ってそれだけは認められないというのは当然だろう。

「若頭、こんなことはやくざとして絶対に許されんことや」

「わかっとる。これを許したら組として示しがつかん」

この当時、瀬古は小野会長射殺事件とは無関係の別の恐喝事件で同じ姫路拘置所に収容されていた。

それがもとでつきあっていた女子大生とも別れ、瀬古は自暴自棄になっていた。そして弟宛てに不用意な手紙を書いたことから、車に隠してあった拳銃五丁、実弾百三十発が押収されるという失態も演じていた。押収された銃には小野会長射殺に使われた銃も含まれていたのである。

「瀬古のやり方には俺も辛抱できんところがあんねん。ここはとにかく懲役に送り込んで出られんようにしたろうや。瀬古もパクられてきとるんやし、いまさら体をどうこうすることもできへんからな」

この話が耳に入るや、若衆と入れ替わりに今度は大西が面会にすっ飛んできた。

「瀬古の話やけどな、あれはちょっと具合が悪いぞ。そんなことはやめとけ」

大西は瀬古を信用していないようだった。先に触れた野球賭博絡みの殺人事件で瀬古が逮捕されたとき、大西は自分の名を出されてパクられそうになった過去があるので、ウタわれることを恐れていたのである。

「いや、これだけはあきまへん。人の仕事を自分の手柄言うたり、おまけに道具まで出されて、俺は黙ってるような人間、違いまっせ」

「せやけどな、あいつは口が甘いから、すぐウトうてしまうんや。おまえ、俺の名前出されてもええいうんか」

「それは親分のことでんがな。勝手にしなはれや。俺のこと違いまっせ」

瀬古の一件は強固だった親子のあいだに「不信」という楔《くさび》を打ち込む結果となってしまった。このほかにも細かなことがいくつも重なって、亀裂は次第に大きくなっていくのである。

一九八九年三月十九日、一和会・山本広会長が東灘警察署に出頭し、自身の引退と一和会の解散を表明。同三十日には山口組本部を訪れ、四代目と三代目の遺影に手を合わせたことで「山一抗争」は終結した。

だが、宮前の戦いは終わっていなかった。一審で懲役十六年を宣告され、それを不服として控訴していた。

そんな宮前のもとを大西が再び訪れたのは一九九二年のことである。

このとき大西の側にも大きな変化があった。山一抗争終結後、山口組を離脱した竹中組を大西は脱退し、後藤組の副組長として山口組に復帰。そして面会にやってきたこの年の二月、渡辺芳則五代目の盃を受け、晴れて直参に昇進していたのである。

面会室で宮前と対峙《たいじ》した大西は明らかに不機嫌そうだった。胸にはプラチナのバッジが燦《さん》然《ぜん》と輝いている。

「おまえ、いつまでこうしてるつもりやねん。こんなところに長いこと座らすために若頭にしたんとちゃうぞ。はよ黙って懲役に行かんかい」

このひと言に、宮前はキレた。

「十八年やぞ！　それやったら、おまえが行かんかい。おまえがなんぼのもんや、コラ」

どういうつもりで大西がそのようなことを言ったのかはわからない。組も立場も変わったことで何かが変わってしまったようだった。

だが、留置所で生きるか死ぬかの瀬戸際を経験した宮前にとって、それは辛抱できるものではなかった。

（こっちは親分の名前も出さず、かばうだけかばって必死にやってきてるのに、こんなものの言い方はあるかい）

そう思うと、腹のなかのものが一気に噴出してしまったのだ。

「もうええ、もうええから出ろ」

大声を聞きつけた拘置所の職員がすぐに飛んできて激昂する宮前を部屋の外に連れ出していった。

「大西が『宮前がどうしたいんか、いま、それを聞いてくれ』言うとるからのう。言いたいことがあるなら伝えとくぞ」

房に帰る前、待機室でガックリ頭《こうべ》を垂れる宮前に二人の様子を気づかって拘置所の職員がそっと伝言を伝えてくれた。

「それやったら、こない言うてください。和解すると。日にちがたったらまた忘れることもあるし、水に流せるようなことになるかもしれんと」

いちおうの和解を申し出たものの、これが消えないしこりとなって宮前の心に残ったのだった。

二〇〇四年六月二日、宮前は十八年の勤めを終えて大阪刑務所を出所した。出迎えには大西の姿もあった。

「親分、いま帰りました」

「大変やったのう、ご苦労さんやったのう」

労《ねぎら》いの言葉をかけてくれたが、宮前の気持ちは晴れない。拘置所の一件以来、大西に対する不信感が解消されることはなく、さらに追い討ちをかけるように出所の直前、若頭から舎弟頭に降格されていたのである。

このことについて後年、私は大西に「なんで宮前を舎弟頭にしたんや？」と聞いたことがある。「宮前より先に勲章持った者が帰ってきたから、いつまでも（若頭の）席を空けとくわけにいかへんし」と言っていた。それも一理あるが、宮前にしてみれば受け入れられないだろう。

宮前はこのとき、「自分を大事にしてくれるなら組に残る。粗末に扱われるなら組を出よう」と心に決めていたそうだ。

しかし、それ以上に大西組自体が変わってしまっていたことになんともいえない気持ちになったという。

ムショにいた十八年のあいだに宮前が追い求めた侠の世界はとうの昔にどこかに消え失《う》せてしまい、カネがものを言う世の中になっていたのである。時代の流れもあるが、大西自身、野球賭博で目が悪くなり、組の財政も苦しくなっていたそうだ。

（俺の居場所はここにはもうないのかもしれへん）

そう思い始めて三カ月がたったある日、大西は組の者を集め、今後の組の方針について次のように話したという。

「これからはパクられた者の差し入れや、放免以外のカネは全部、組で預かることにする」

それを聞いて決心がついた。

「親分、俺、もう組を出てカタギになりますわ」

その日のうちに大西に告げると、宮前はカタギになった。組のために体をかけ、十八年を勤めた男にはあまりにもあっけない幕引きであった。

宮前ほどの実績があれば、やくざとしてまだ十分やっていけただろう。それを捨ててまで侠の意地を貫いたのである。

不器用かもしれないが、それも侠の生き方だとつくづく思う。

第6章

竹中正久 四代目の死にざま

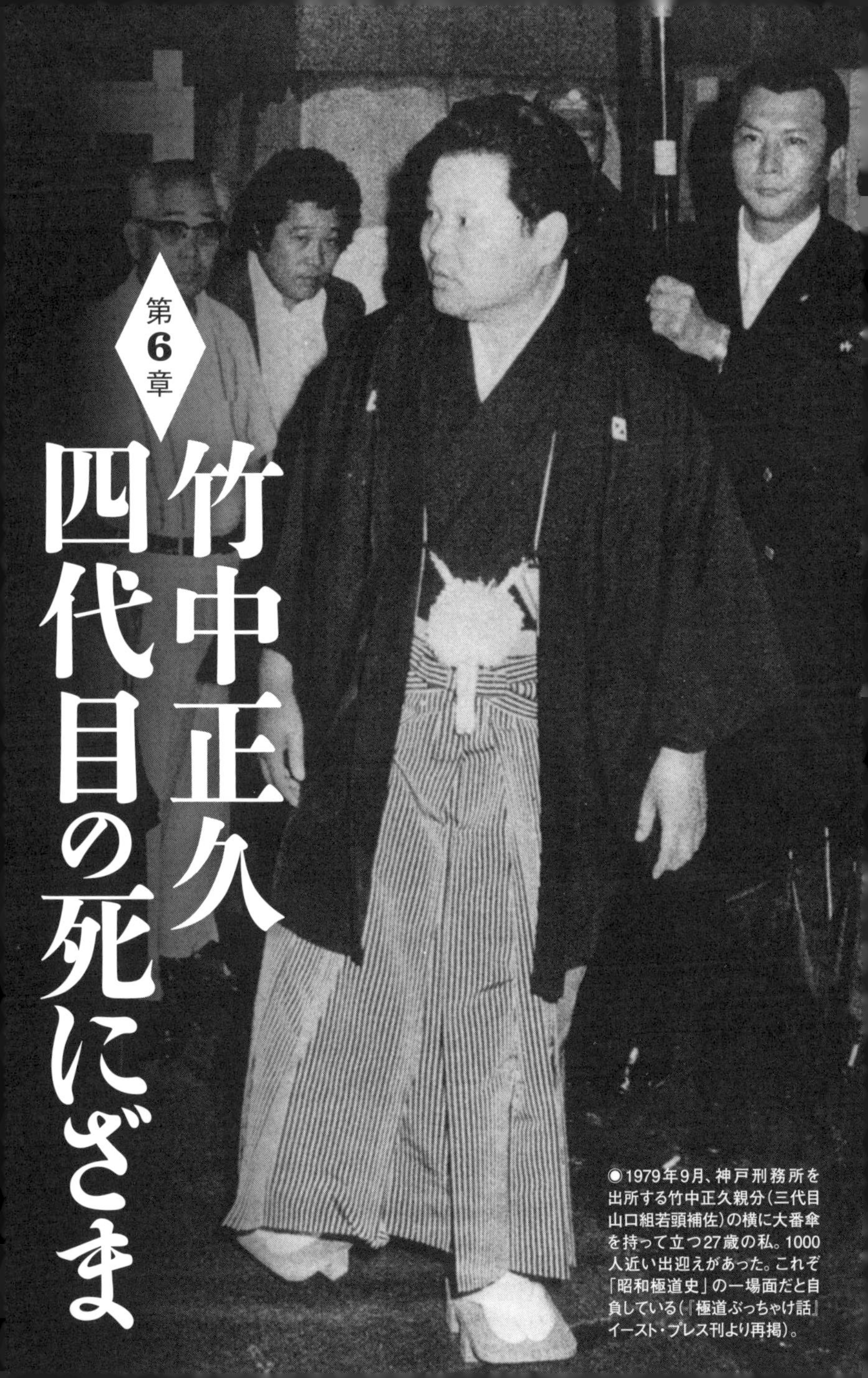

◉1979年9月、神戸刑務所を出所する竹中正久親分（三代目山口組若頭補佐）の横に大番傘を持って立つ27歳の私。1000人近い出迎えがあった。これぞ「昭和極道史」の一場面だと自負している（『極道ぶっちゃけ話』イースト・プレス刊より再掲）。

カネで量れない侠の価値

「山一抗争」は竹中組の行く末を一八〇度変えてしまった出来事であったが、山口組にとっても歴史を変える転換点になっている。

それはのちの山口組の姿を見れば明らかである。

抗争終結後、発足した渡辺芳則五代目体制は拡大路線に舵《かじ》を切り、各地の独立組織を次々と吸収するなど膨張を続け、最盛期には直参百二十三人、組員およそ四万人を擁する大軍団に仕立て上げた。

これにより山口組の経済基盤は格段に大きくなったが、同時に失うものも少なくなかった。巨大な組織を統合するためブロック制を導入するなど、まるで会社組織のようなシステム化が進み、本来、やくざが尊ぶべき侠道精神や義理と人情といったものが徐々に薄れていってしまったのである。

血の通わなくなった組織で代わりにものをいうようになったのは、言うまでもなくカネである。

やくざの評価は力からカネにとって代わり、カネを運ぶ子分が出世するようになっていった。いつしかカネがいちばんの世の中となり、カネはやくざの価値観をも変えてしまったのである。

こんなことを言ってもしょうがないのだが、もし竹中正久親分が生きていれば、山口組はこうはなっていなかっただろう。

もちろん、これには五代目体制が敷かれたのがバブル期（一九八六～一九九一年）の真っただなかだったことや、続く一九九二年に暴対法が施行されたことで、やくざへの締めつけがいっそう厳しくなったことなど、時代の趨勢《すうせい》も絡んでくるので、一概に結論づけることはできない。

だが、正久親分が銃弾に斃れたのと、山口組のなかでやくざの価値観が変質していったことが時を同じくして始まっていることもまた事実である。

正久親分はシノギがあまりうまくない、はっきりいえばへタな部類に入る親分だった。早くから正久親分の力量を高く買っていた田岡一雄三代目でさえ若頭補佐に上げるときにカネの面でやっていけるかどうかを案じていたという。

しかし、そのような不安をものともしない侠気《おとこぎ》が正久親分にはあった。

逆にいえば、三代目の時代には山口組にも正久親分のような本物の侠を受け入れる土壌があったということである。

そして三代目亡きあと、山口組が後継者に選んだのもまた正久親分だったのだ。

情に厚く、子分思いで、筋を通すことを第一義とする――こうした竹中組の精神は正久親分の加入とともに山口組にも広く伝播《でんぱ》している。

ここからは、そんな正久親分が偲ばれるエピソードを思いつくままに綴ってみたいと思う。

「警察根性」が代名詞に

地道行雄若頭らの推薦により、正久親分が田岡三代目の盃を受け山口組直参となったのは一九六一年十二月のことである。

姫路の暴れん坊として播州では知られた存在だったが、全国的にはまだまだ無名の存在であった。

正久親分が頭角を現したのは翌年に起きた「福岡事件」である。

この事件は夜桜銀次こと平尾国人（三代目山口組内石井組舎弟）が博多《はかた》で何者かに射殺され

たことから山口組組員二百五十名が大挙して博多入りしたもので、竹中組にとっての初陣にあたる。

一九六二年一月、「明友会事件」で指名手配されていた平尾が隠れ家のマンションで射殺死体となって発見されると、山口組は傘下組織に九州動員令を発令する。竹中組からも十人が選抜された。

「ええか、職質されたら、『平尾の葬式に来た』と言うんや。間違っても、ケンカに来たとは言うなよ」

出発前にそのことを徹底させると、夜行急行列車に乗り込み、一路、博多に向かったのであった。

しかし、この山口組の大量動員は翌朝にはすでに福岡県警の知るところとなっており、事態を重く見た警察は急遽「凶器準備集合罪」の適用を決定する。

六百人におよぶ武装警官隊を投入し、その夜のうちに山口組組員が逗留《とうりゅう》する旅館を急襲。捜索で道具《チャカ》が発見されたことを理由に次々と組員たちを検挙していった。

そのなかで正久親分だけは頑なに逮捕状の提示を求めて部屋に入ることを拒否する。

立ち往生した警官隊が連れてきた刑事課長の説得にも応じず、最終的に強制逮捕となるまで抵抗を続け、一角の意地（それ相応の意地）を見せたのであった。

だが、竹中組が真価を発揮したのはむしろそのあとだった。警察の取り調べに正久親分のみならず組員全員が否認を通したのである。

竹中組の組員は日ごろから「ウタうな」と口を酸っぱくして親分に教えられている。その教えを忠実に守ったのだ。

組員たちの否認は勾留期限ギリギリの二十二日間におよび、困り果てた検察官は「誰でもええから竹中組から責任者をひとり出してくれ。さもなければ全員起訴する」と妥協するしかなかった。

これを正久親分は呑み、ただひとり福岡拘置所に残ることで組の被害を最小限に食い止めたのである。

のちにそのことを知った田岡三代目は正久親分を高く評価し、取り調べに対しても徹底して否認を貫く「警察根性」は竹中組の代名詞にもなった。

竹中組と聞いて、いまも多くの人が「ウタうな」という鉄の掟を連想するのは、ここが原点なのである。

ちなみにこの福岡事件は当初、平尾と賭場でトラブルになった福岡・宮本組の犯行と考えられていたが、のちに逮捕されたのは久留米《くるめ》の鳥巣組の関係者たちだった。

平尾からカネをゆすられていた炭鉱経営者が鳥巣組に殺害を依頼したことによる犯行であった。

いわば誤解から生じた事件であったが、「山口組は殺害されたのがたとえ枝の者であっても全力で対応する」という恐怖を世のやくざたちに植えつける結果となったのだった。

「グスッとも言わさんぞ」

一九七一年、若頭を務めていた梶原清晴が磯釣《いそづ》り中の事故で急死すると、後任に初代山健組・山本健一が就任した。

この人事をめぐってはひと悶着あり、当初、執行部で行われた入れ札では山広組・山本広組長に決まったが、田岡三代目の意向で最終的に山本健一が若頭、山本広を若頭補佐に留任させることで決着した。この騒動はのちの一和会分裂の端緒にもなっている。

新若頭となった山本健一は若頭補佐のひとりに正久親分を抜擢《ばってき》する。福岡事件で名を上げた正久親分を山本若頭はとても信頼しており、個人的な間柄でも二人は「兄弟」「健ちゃん」

と呼び合う良好な関係だったのである。

正久親分の若頭補佐就任については直参になってわずか十年という当時としては異例のスピード出世であり、「若すぎないか」という声や経済面で心配する声も一部で囁《ささや》かれたが、多くの若い者からは「竹中若頭補佐はものごとを公平に見てくれる」と支持されていた。

その実例として前出の『山口組四代目　荒らぶる獅子』には細田組・細田利明組長の次のような話が掲載されている。

細田組長は明石の出で、正久親分とは古くから行動をともにした盟友であり、のちに山口組若頭補佐を歴任した実力者である。

〈山口組内でのもめ事は補佐が聞いて調停するわけです。そのころ山健の枝の組と他の組の撃ち合いが起こり、ケガ人が出たことがある。こういうときは時の若頭に有利なように話がつくことが決まりみたいなものだったんです。

だけど四代目は違って、幹部会の席で山健を目の前に置いて、『そら具合悪いわ。あんたんところが一方的にええことあらへん。スジ道をきちんとせなあ』とピタッといい切りました。みんな感心したものです。頭《かしら》に面と向かって、こういうことといえる人間というのは、まずいないんですから〉

一般の会社でもそうだと思うが、上司に面と向かってものの良し悪《あ》しを進言するなどなかなかできることではない。ましてや山健組は若頭の山本健一が率いる組織である。

しかし、相手が誰であろうと筋を重んじて正久親分のとる態度は変わらない。そんな侠気が山口組の面々にも評価されていたのだ。

じつは私も同じような話を竹中組で若頭を務めていた坂本義一から聞かされたことがある。

一九七五年ごろのことであるが、山本健一が姫路を訪れたときに開かれた酒宴の席で、正久親分は山本健一に対して「ワシは山健でも、グスッとも言わさんぞ」と言い放ったというのである。

この話には前段があり、発言は、酒宴の少し前に開催された総長賭博を受けてのものであった。

一九七二年、心臓発作で入院していた田岡三代目の退院祝いとして竹中組事務所三階の大広間で総長賭博が開かれた。

顔をそろえたのは山口組から山本健一若頭、舎弟頭の松本一美のほか、稲川会の石井進理事長（のちに石井隆匡会長）、旧本多会系秋山組組長・徐在鎮、白龍会会長・山田忠一ら錚々たる顔ぶれで、動いたカネは五十億円ともいわれる大がかりなものであった。

情報を嗅ぎつけた警察は参加者全員の逮捕状をとり、一網打尽にする肚だったが、ひとつ大きなミスを犯していた。

この賭博を同年十月に田岡邸で行われた山本健一と稲川会・石井会長の盃事の祝いであると勘違いしていたのである。

このズレが致命的な結果となった。

事前にそのことをつかんでいた正久親分は「バクチをしたことは認めてもいいが日時だけは言わないように」と参加者に根回しをしている。

実際、取り調べを受けた山本健一をはじめ、ほとんどの者が賭博に参加したことを認めてしまっていた。しかし、警察は賭博が行われた日にちを最後まで特定することができず、起訴を断念せざるをえなかったのである。

いわば正久親分の機転が全員の無罪放免を勝ちとったわけで、先に挙げた発言はこれを受けてのものであるだけに、その重みは大きい。

「親分がそない言うたら、若頭はどないした思う?」

「さあ。どないしてましてん?」

「しばらく横向いとった。ウチの親分は山健が相手でも遠慮せえへんのや」

坂本会長はうれしそうにそう言った。相手が誰であろうと遠慮はしない正久親分のこうした所作は竹中組組員の誇りでもあったのだ。

ケーキの思い出

かつて「田岡一雄三代目というのはどういう人でっか」と竹中組若頭・坂本義一が正久親分に聞いたことがある。すると正久親分はこう答えた。

「親父（田岡三代目）と一日おったら、あともう一日おりたい。二日おったら、一週間おりたい。一週間おったら、ずっとおりたいと、まあ、こんな思いにさせる人や」

私にとって正久親分はまさにそんな気持ちにさせる親分だった。

竹中組時代は親分付きとしてお供させていただくだけでうれしい気持ちになったものだが、刑務所のなかで会えたこともまたいい思い出になっている。

一九七七年、私は初犯で姫路・大崎組と私が若頭をしていた坂本会との抗争事件で神戸刑務所に服役していた。そこに正久親分が入ってきたのである。

親分の懲役を「いい思い出」などというのは不謹慎と思うかもしれないが、辛抱ばかりが強いられるつらい刑務所生活で、親分がそばにいると思えるだけでもこのうえない幸せなのである。

とはいえ、親分とは房も工場も違い、話ができる機会といえば、月に一回の宗教教育の時間くらいのものである。

私は教育に行く者をハト（受刑者間で言伝てや手紙を送るための伝言役）として使い、親分に手紙を送ってひそかに連絡を取り合った。親分は「仏教に出る」ということだったので、私も参加することにした。竹中家は先祖代々、浄土真宗《じょうどしんしゅう》を信仰していたので、まじめな親分は仏教を選んだのだ。

だが、これは失敗であった。浄土真宗の宗教教育は死ぬほど退屈であると懲役のあいだでも不評であり、ほとんど選択する者がいなかったのである。やはり想像どおりというべきか、当日、受刑者で浄土真宗を希望したのは親分と私の二人きりであった。

それはそれで私には親分の近くに行けるのでいいのだが、こう人数が少なくては話をすることもできない。刑務所内は原則、私語は禁止である。

「ほう、竹中と竹垣、これは奇縁なことじゃ。ここで二つの竹が出会って……」

坊さんは私たちの名前になぞらえ、縁について話を始めた。

説法はちゃんと聞けばそれなりにためになるものだったと思う。

だが親分と話がしたい私にとっては馬耳東風、馬の耳に念仏である。しかもその間、じっと座っていなければならないというのは苦痛でしかない。

たまらず、私は坊さんの隙を見て親分に聞こえるよう小声でつぶやいた。

「こんな話、毎月聞かされとったら、ワシら真人間にされてしまいまっせ」

「せやけど、どないせいせい言うんじゃ」

「次回から『ベンサム』に行きまひょ。あそこなら自由に話ができるんですわ」

「ベンサム」とはキリスト教系カトリックの宗教教育で、教誨師《きょうかいし》を外国人のベンサム神父が務めていたことから、通称「ベンサム教会」と呼ばれていた。

外国人のせいか日本の宗教関係者のような堅苦しいところがなく、講説中《こうぜつちゅう》の私語も自由で、何よりケーキとお茶が振る舞われることで受刑者に大人気なのであった。

翌月、私たちはベンサム教会で落ち合い、ようやく親分と気兼ねなく話をすることができた。ケーキをおいしそうにほおばる親分の、あの少年のような笑顔がいまでも忘れられない。

コワモテで知られている正久親分だが、そのような一面もあるということを書いておきたかった。

人は一代、名は末代

正久親分がこの世を去ってすでに三十年あまりがたった。その間、時代は平成、令和と移り変わり、山口組も五代目から六代目体制に変わったが、正久親分についてはいまも変わらぬ姿で語り継がれている。

人は一代、名は末代。

正久親分はこの言葉を座右の銘にしていた。まさにそのとおり、命を惜しまず後世に名を遺したかたちだ。

人の肉体は一代で滅びるが、名声は何代も生き続ける。これは戦国時代から江戸《えど》時代にかけて徳川家康《とくがわいえやす》に仕えた武将・大久保彦左衛門《おおくぼひこざえもん》（忠教《ただたか》）が著した『三河《みかわ》物語』の一節に登場する言葉であるが、なじみがあるのは幡随院長兵衛のほうだろう。

幡随院長兵衛は江戸の町奴《まちやっこ》の頭領で、腕と度胸に優れ、侠客の「元祖」とされる。町奴とは江戸時代初期、旗本奴《はたもとやっこ》に対抗して江戸市中に出現した町人身分の遊侠《ゆうきょう》の徒のことである。

田岡三代目が自著『山口組三代目　田岡一雄自伝』（徳間書店）で〈三代目を襲名する意志

を表明したとき、わたしは幡随院長兵衛《ばんずいいんちょうべえ》のような男を標榜していた〉と記したことで、やくざには知られた人物である。

町の人々に大変人気があった幡随院は芝居の格好の題材としていくつもの演目に取り上げられている。そのひとつである河竹黙阿弥《かわたけもくあみ》作『極付《きわめつき》幡随長兵衛』のなかに例の一節が出てくるのである。

市中で旗本奴と揉めた幡随院はその手打ちとして相手の頭領・水野十郎左衛門《みずのじゅうろうざえもん》（成之《なりゆき》）から呼び出しを受ける。これを罠《わな》だと察知した子分たちは行かないように諫《いさ》めるが、そこでこう啖呵を切るのだ。

「怖がって逃げたとあっちゃあ名折れになる。人は一代、名は末代」

たとえ罠だとわかっていても、男伊達を売りにする自分が逃げるような真似をして町奴の名を下げるわけにはいかない。

幡随院は単身敵陣に乗り込み、酒肴《しゅこう》のもてなしを受けたあと、風呂に入って丸腰になったところを予想どおりに斬られてしまうのである。

この話が多くの人の胸を打つのは、「死に際の潔さ」にある。

思えば、正久親分もそうだった。「山一抗争」の真っ最中も、親分は大人数のボディガードをつけることを嫌って、つねに少人数で行動していた。

竹中武組長をはじめ竹中組の組員みんなが「ガードが甘いのではないか」と心配していたが、「いったん狙われたら、なんぼ気いつけてもあかんねん」と取り合わなかった。

あのとき、正久親分は本音ではこう思っていたのではないか。

「狙われてるから言うてガードを増やしたら、臆病風を吹かせたと思われるやろがい」

命を惜しんで名を汚すくらいなら侠として死んだほうがいい。

生前、雑誌のインタビューで親分は「男で死にたい」と話していたのは有名であるが、すでに四代目山口組組長として当代の名に恥じない生き方をするという不惜身命《ふしゃくしんみょう》の覚悟があったのだと思う。最近になって、私はそのことにようやく気づいたのである。

こうしてカタギになったいまも正久親分の背中を私は見続けている。親分に学ばせていただいた多くのことが、いまの私の肥やしになっているのはいうまでもない。

私の右腕には正久親分の戒名「義照院釈顯正」とともに、「人は一代　名は末代」と彫ってある。親分の志を実現させるため、六十四歳になったときに信念を持って彫らせたのだ。

竹中正久という偉大な親分に教えを受けた者として、親分から学んだことを後世に伝えていくことが私に与えられた使命なのだと思う。

おわりに

「侠」として生きるのに「代紋」はいらない

私がカタギになって、すでに十五年が過ぎた。

現在、私はやくざや受刑者の社会復帰と更生を支援するNPO法人「五仁會」の代表という立場にあり、やくざとは正反対の方向を向いているが、三十年以上を過ごしたやくざでの経験は人生の肥やしとなり、いまも大いに役に立っている。

矛盾しているようだが、これが現実である。

竹中正久四代目をはじめ、竹中正相談役、平尾光、笹部静雄、大西康雄、宮前篤といった竹中組の面々、古川雅章初代や入江秀雄……。

彼らはみな同世代をともに生きた本物の侠たちであり、それぞれの出会いから学ばせてもらったものが、いまの私につながっているのである。

私が「暴力団」と「侠客」を明確に区別しているのもそのためである。

「竹垣は元やくざのくせに、やくざの悪口を言っている」とよく批判されることがあるが、やくざだったからこそ、たんなる犯罪集団となってしまったいまの暴力団はいらないと言えるのだ。

やくざは侠客を目指すべきで、暴力団になるべきではない。

いまの暴力団員にも個々を見れば侠客と呼べる男もなかにはいる。そういう者たちはぜひとも本物の侠を目指してほしいと思う。

そもそも侠として生きるのに代紋などいらないのである。そのことを私は許永中から教わった。

「〝ヤクザ〟〝侠〟というのは自身の生き様、自身の信条というものであり、決して看板や職業ではない」

この言葉は私の人生観を変えてしまうほど衝撃的であった。

とはいえ初めて聞いたとき、私はまだ現役のやくざであり、すぐにはピンと来なかった。やくざにとって「代紋」はまさしく「顔」であり、時には命に代えても守らねばならない大事なものである。

ほかの組員と同様、私も「代紋」に固執していたのだ。

そのことがようやく理解できたのはカタギになった五十四歳のときである。裸同然で社会に放り出され、路頭に迷っていた私を導いてくれたのがこの言葉であり、その後の「五仁會」の立ち上げにもつながっている。

二〇一二年に設立した「五仁會」も、こうして八年目を迎えることができた。設立以来、続けている姫路歓楽街の清掃活動や子どもの見守り隊といった地道な活動が徐々に認知され、二〇一九年には姫路市長に「市勢の伸展に尽くした」として感謝状を贈られた。

十一月には和歌山市民会館で開催された第二八回暴力追放県民・市民大会に招かれ、特別講演をさせていただく機会も得ている。

この会は和歌山県、和歌山市、和歌山県警、公益法人和歌山県暴力追放県民センターの主催で和歌山県知事、和歌山市長、和歌山県警察本部長のお歴々が列席するもので、私のような元暴力団組長が講演していいものかと少々戸惑ったが、このような場に招かれたのは神戸水上《すいじょう》警察署の一日署長を務めた田岡一雄三代目以来の栄誉であると自負している。

また、『極道ぶっちゃけ話』を上梓したことで、拘置所や刑務所に服役する受刑者から手紙をいただく機会も増えている。

ある懲役からの手紙には自分の所属する団体に疑問を持ち、「出所したら足を洗いたいが、外の世界でどう生きていけばいいかわからない」という切実な思いが綴られていた。

おそらく、それは多くの暴力団員が抱いている本音だろう。

こうしたカタギになりたい者たちを、できるかぎりサポートしていくのも五仁會の務めである。

結果、街にひとりでも多くの侠客が出現すれば、世の中はもっと楽しくなるはずである。

これからも「男の中の男」を増やし、義理と人情があふれる社会をつくっていくため精進していきたい。

最後までお読みいただき、ありがとうございました。

二〇二〇年七月吉日　自宅書斎にて

NPO法人「五仁會」代表

竹垣《たけがき》悟《さとる》

山口組《やまぐちぐみ》ぶっちゃけ話《ばなし》
私《わたし》が出会《であ》った侠客《オトコ》たち

2020年9月10日　第1刷発行

著　者　竹垣《たけがき》 悟《さとる》

ブックデザイン　HOLON
撮　影　水野嘉之
本文DTP　友坂依彦

発行人　畑 祐介
発行所　株式会社 清談社Publico
〒160-0021
東京都新宿区歌舞伎町2-46-8 新宿日章ビル4F
TEL：03-6302-1740　FAX：03-6892-1417

印刷所　中央精版印刷株式会社

ISBN 978-4-909979-08-7 C0095

清談社
Publico

http://seidansha.com/publico
Twitter @seidansha_p
Facebook http://www.facebook.com/seidansha.publico